horst v. rothmar · Vater, o Vater

AF199322

Die Titelzeichnung wurde von Charles Hartlieb entworfen

Vorwort

Es gibt im Leben Situationen, in denen man etwas sagen muss aus Pflicht oder Nächstenliebe und sich trotzdem verpflichtet fühlt, eine Bitte um Entschuldigung anzufügen. Warum eine Entschuldigung, wenn man seine Pflicht tut? Sicherlich, weil man sich der Aufgabe nicht gewachsen fühlt und denkt, jemand anders könnte das viel besser.

Wenn man Gedanken über das Vaterunser aufzeigt, oder etwas darüber schreibt, ist immer eine Entschuldigung angebracht. Wir sind zu schwach, um das Gebet des Herrn in seinen Tiefen zu erklären, schon gar nicht kann man ihm etwas hinzufügen. Man darf sich auch nicht erdreisten und seinen Mitmenschen sagen: „Ich habe es besser verstanden als du." Woher wollte man das wissen? Deshalb ist eine Entschuldigung angebracht. Sie soll anzeigen, dass der Verfasser dieser Zeilen lediglich ein paar Gedanken mitteilt, die ihm beim Vaterunser gekommen sind.

VATER, O VATER

horst v. rothmar

Bibliografische Information der Deutschen Nationalbibliothek:
Die Deutsche Nationalbibliothek verzeichnet diese Publikation
in der Deutschen Nationalbibliografie; detaillierte bibliografische Daten sind im Internet über dnb.dnb.de abrufbar.

© 2019 horst v. rothmar
Herstellung und Verlag:
BoD – Books on Demand, Norderstedt

ISBN: 978-3-7504-3157-7

Inhaltsverzeichnis

Unser Vater

Bei all den großen Problemen in Afrika und den unterentwickelten Ländern gibt es ein großes Problem: Was tun wir für Waisenkinder?

Bei Primitiven Völkern ist das Leben des Einzelnen noch nicht sehr geformt. Er lebt das Leben der Gemeinschaft mit – ohne viel persönliche Präsenz. Andererseits sorgt die Gemeinschaft, Klan und Sippe für die Mitglieder. Die Familie spielt in dieser einfachen Gesellschaft noch keine große Rolle. Darum ist es auch keine Katastrophe, wenn ein Kind Vater und Mutter verloren hat. Es hat den Familienzusammenhang verloren, nicht aber die Geborgenheit in der Sippe. Kommt eine neue Zeit für Afrika und die unterentwickelten Völker, in der die Primitivgesellschaften ihre Bedeutung verlieren, dann tritt an ihre Stelle die Familie. Ehe über die Familie hinaus ein neuer, größerer Verband sich des Waisenkindes annimmt, haben wir das so genannte Waisenproblem – die Kinderkrankheit einer neuen Zeit.

Wenden wir diese Einzelerfahrung auf die Welt im Großen an, bei den abendländischen Völkern, hat sich das Individuum ungeheuer entwickelt. Hauptschuld daran trägt die Schulbildung. Heute lernt der Volksschüler mehr als in früheren Jahrhunderten der Universitätsstudent. Die Folge ist ein wacheres Selbstbewusstsein beim Einzelnen, die Entdeckung der Eigenwerte, die in jedem Menschen schlummern. Vom Standpunkt der Menschenwürde aus, ist es bestimmt ein Fortschritt, dass all die wunderbaren Anlagen, die der Schöpfer in den einzelnen Menschen gelegt hat, immer mehr zur Entfaltung gekommen. Diese Entwicklung hat allerdings auch eine Kehrseite. Der Mensch hat eigene Wünsche, die nicht immer mit den Wünschen seiner Mitmenschen übereinstimmen. Der Mensch möchte selbstverständlich sein Schicksal selbst gestalten: er wird eigenwilliger. Er wird vielleicht sogar selbstsüchtig und die Gemeinschaft droht, auseinanderzufallen.

Darüber klagen heute unsere Familien, dass schon der junge Mensch nicht mehr beugen will und selbstständig werden will. Darüber klagen diejenigen, die mit wachem Blick die Entwicklung unserer abendländischen Völker beobachten. Man hat Heilmittel versucht, die einen sagen, lass doch jeden sich auf seine Art entwickeln und lass jeden sich nach seinen Anlagen und Kräften entfalten, dann werden sie auf die Dauer sich doch wieder finden. Man nennt das Liberalismus. Nur vergaß man hier, dass eine solche Parole auf die Dauer dasselbe ist wie das recht der Stärkeren. Andere wieder sagten: zwingt sie in eine neue Gemeinschaft. Schafft das Eigentum ab. Lenkt die Produktionen. Sie werden eine Zeit lang meutern und dann entdecken, dass es sich in der neuen Gesellschaft besser leben lässt. Man nennt dies Kommunismus. Und vergisst, dass der Mensch und gerade der mündige Mensch, der denken gelernt hat, sich auf die Dauer nicht vergewaltigen lässt. Ein Rückschritt in die Primitivität, wenn auch auf einer anderen Ebene, ist nicht möglich. Wieder andere wollten, dass man dem hochentwickelten Individuum noch zusätzlich eine neue Gesinnung der Kameradschaft, der Kollegialität, des Bewusstseins der Abhängigkeit voneinander einpflanzen. Man nennt das Sozialismus. Und vergisst, dass man Gesinnung nicht befehlen kann. Man hat eine Lösung auf politischem Gebiet versucht, in dem man sagte, nachdem sie einmal mündig sind, lass sie selbstverantwortlich mit entscheiden in den großen Fragen, die das Schicksal der Völker ausmachen. Demokratie, und vergisst manchmal, dass Demokratie ein Ziel ist, zu dem die Einzelwesen reifen müssen. Andere versuchten den entgegengesetzten Weg. Die

8

Diktatur. Wir haben üble Erfahrungen mit Diktatoren machen müssen.

Wir lächeln keineswegs über diese gigantischen Versuche, eine kranke Zeit zu heilen, sondern wir sagen höchstens: wir hoffen, dass es sich um Kinderkrankheiten handelt, über die die Völker hinauswachsen. Als Christen haben wir allerdings ein Heilmittel für die kranke Zeit oder, wie wir es in unserer Sprache nennen, eine Lösung – die Erlösung. Das Stichwort heisst „Vater". Christus hat uns den Weg gezeigt als er sagte: „So sollt ihr beten. Unser Vater . . ." Jedes Kind sagt das Wort „Vater" in einem anderen Ton. Vielleicht verschüchtert, vielleicht vertrauend, vielleicht ehrfürchtig. Jedes Kind bewahrt seine Eigenart. Doch sagen alle zusammen „Vater" und finden in diesem Wort die Gemeinsamkeit: „Vater". Vertraulichkeit, Achtung, Treue, Ehrlichkeit, Rechtschaffenheit. So war früher das Bild des Vaters geprägt. Vater heißt aber auch zunächst einmal „Quelle des Lebens". Wohl die erste religiöse Erfahrung, die wir in Kindertagen machten war die, dass man uns erzählte, dass Gott die Sterne, die Sonne und die Erde gemacht habe, dass er die Pflanzen wachsen lasse, dass er den Menschen den Frühling, den Sommer, den Herbst und den Winter schenke, dass der Schöpfer alles im Dasein erhalten müsse, dass auch wir unser Leben irgendwie diesem Schöpfer Gott verdanken. Die Form, wie man uns sagte, war vielleicht kindlich. Der Inhalt aber bleibt gültig, ist evident. Keine Forschung, keine Wissenschaft hat die Erkenntnis überholt, dass Gott der Schöpfer und Erhalter ist.

Wenn man will, kann man Gott aus diesem Grund Vater nennen, den Ursprung unseres natürlichen Seins, unseren natürlichen Lebens. Wenn allerdings Jesus Christus uns auffordert, zu Gott Vater zu sagen, dann meint er nicht die Beziehung, Schöpfer – Geschöpf, er wollte uns doch etwas ganz

Neues bringen, eine neue froh machende Erkenntnis. Gelegentlich sprach er von Wiedergeburt. Er wollte sagen, der schon existierende, der schon einmal geborene Mensch wird noch einmal geboren zu einem neuen Leben. Dieses neue Leben kommt unmittelbar aus Gott und ist ein Geschenk, das über alles hinaus geht, was Menschen erwarten oder gar vom Schöpfer Gott fordern könnten. So ist ein Leben, das auf Erden niemals feststellbar ist, auch nicht aus dem Benehmen und Verhalten der besten Menschen. Es ist ein Leben, an das man glauben muss. Wir haben dafür einen eigenen Namen, heilig machende Gnade.

Dieses Leben ist zerbrechlich und stark zugleich. Stark, weil es jedem fremden Zugriff entzogen ist. Diktatoren und Mörder können uns das natürliche Leben nehmen, dieses aus Gott geschenkte Leben nicht. Der Tod kann einen Schlusspunkt setzten hinter das natürliche Leben, das Leben der Gnade beendet er nicht. Es ist zerbrechlich, weil der Einzelne es verlieren kann, trotz bester Gesundheit und bester Pflege.

Hier scheiden sich die Geister. Entweder wir glauben oder glauben nicht. Beweisen lässt sich hier nichts. Es gibt keinen endgültigen Gottesbeweis. Der Mensch mit dem neuen Leben darf zu Gott Vater sagen. Er hat die Aussicht, dass er einmal heimkommen darf zu diesem Vater und bei ihm alle Vergänglichkeit überwinden, alles Leid hinter sich lassen, alles Einstweilige abstreiten darf, um in jenen Zustand einzugehen, für den wir das Wort Verklärung und ewiges Leben geprägt haben.

Vater, das heißt Liebe und Güte. Nie spricht der Mensch mehr vom Brot, der ganz gewöhnlichen täglichen Nahrung, als in Zeiten des Hungers. Denn man spricht nur von dem, was Mangelware ist, nicht von dem, was man im Überfluss zur Verfügung hat. Nie hat man so viel von Liebe und Güte gesprochen, wie in unseren Tagen, besonders von Liebe. Mindestens jedes zweite Filmplakat enthält das Wort Liebe. Jeder Roman, jede Kurzgeschichte dreht sich um das Thema Liebe, mit wenigen Ausnahmen. Junge Menschen meinen in ihrer Naivität, das Leben drehe sich überhaupt nur um Liebe, in Wirklichkeit ist Liebe Mangelware geworden, weil die Menschen gieriger, egoistischer und rücksichtsloser wurden. Das Wort Liebe hat der Mensch vergewaltigt, er hat ihm einen anderen Sinn gegeben. Er versteht heute unter dem Begriff Liebe Befriedigung seines Egoismus, seiner Selbstsucht und seiner Gier. Dabei bedeutet das Wort Liebe, ein Schrei nach etwas, was der Einzelne kaum mehr kennt, kaum mehr erfährt.

Noch weniger werden die Völker von Liebe beherrscht. Wir warten doch nicht in einer atemberaubenden Spannung auf die Ergebnisse der UNO-Gipfelkonferenzen über Krieg und Frieden in Syrien, weil wir glauben, dass sich da Menschen in echter Sorge begegnen, um das Schicksal ihrer Völker zum Guten zu lenken. Es mögen welche darunter sein, denen es darum geht, denen es um Menschlichkeit, um das Glück der Menschen und nicht um Politik, nicht um politische Machtverhältnisse geht. Aber anderen geht es bestimmt ums Gegenteil. Da brauchen die eingeschüchterten Völker die Botschaft, dass über allem einer steht, der sie liebt und der sie in Liebe lenkt. Echte Liebe besitzt aber auch immer einen Zug von Herbheit, weil sie im Geliebten nicht das Spielzeug sieht, sondern etwas, das man ernstzunehmen hat.

Da lief vor einigen Jahren ein Film über die Leinwand der Kinos: „Glocken von Nagasaki". Das Schicksal jenes Gelehrten, den das heidnische Japan zum Nationalhelden erklärte, obwohl er Christ war. Doktor Nagai verlor durch die Atombombe Frau und Heim. Er selbst liegt todkrank und weiß, dass er noch ein paar Wochen zu leben hat. Nun quält ihn die Zukunft seiner beiden Kinder, eines kleinen Mädchens und eines etwas älteren Knabens. Erschütternd ist jene Szene im Film, in der das kleine Kind zum ersten Mal in die Schule soll. Alle kleinen ABC-Schützen werden von ihren Müttern zur Schule begleitet. Eine gute Nachbarin bietet sich an, die tote Mutter des Mädchens bei dessen ersten Gang ins Leben zu vertreten. Der Vater besteht aber darauf, dass sein Sohn, ihr Bruder sie zur Schule begleitet. Sie wird lernen müssen, sich in Zukunft an ihren Bruder zu halten und sich seinen Willen zu beugen, wenn ich nicht mehr da bin. So packt denn der Junge nach rauer Jungenart sein Schwesterchen am Arm, reißt sie mit sich und bringt sie zur Schule. Bestimmt hätte der Vater an diesem Tage seiner kleinen Tochter ge-gönnt, dass eine mütterliche Frau es mitnimmt, wenn es zag-haft zum ersten mal die Schulräume betritt. Aber es war die größere Liebe, die ihn anders handeln ließ. Es ist auch meis-tens größere Liebe, wenn Eltern oder Erzieher Dinge von Kindern oder Jugendlichen verlangen, die dies nicht immer verstehen, die jedoch zu ihrer Selbstständigkeit beitragen. Si-cherlich fällt es denen nicht leicht, anders zu handeln als die Jugendlichen verstehen, um der Liebe Willen. Aber gerade darum ist sie väterlich und bietet Geborgenheit und Heimat einer haltlosen und in Panik getriebenen Menschheit. Gottes Liebe ist nicht wie die Torheit sentimentaler Eltern, die ihre Kinder verziehen und dadurch unselbstständig werden las-sen – zum Beispiel antiautoritäre Erziehung.

Vater, das heißt Autorität und Kraft. Die Menschheit pen-delt heute zwischen zwei großen Gefahren. Um der Geißel einer harten Diktatur zu entgehen, fliehen sie in die Freiheit und in das Mitbestimmungsrecht der Demokratie. Haben sie aber einmal entdeckt, wie viel unreife, wie viele Skrupellosen in der Demokratie mit abstimmen – auch unter dem Mantel der Christlichkeit – suchen sie erschrocken die Möglichkeiten de Autorität der Obrigkeiten zu stützen und zu vergrößern und treiben so wieder Schritt für Schritt zurück – in Richtung uneingeschränkter Macht und Diktatur. Den Mut, sich dagegen zu stemmen, haben sie nicht. Der bekannte Satz „wir können ja doch nichts ändern, treibt sie immer wieder in die Macht der Diktatoren und Machtbesessenen.

So werden sie weiter fliehen und zurück fliehen, bald der einen, bald der anderen Gefahr unterliegen, wenn sie sich nicht alle zur Rückkehr zu dem besinnen, der über dem Völkersystem steht, zum Vater im Himmel. Wenn sie sich nicht dazu bequemen, seine Autorität anzuerkennen. Dies kann schon damit geschehen, dass ich mich von einer christlichen Partei abwende, weil sie das Christliche nicht mehr in ihrem Mittelpunkt sieht, um zu versuchen mit einer anderen Partei so viel Erfolg zu bekommen, dass die christliche Partei wieder zu ihrem christlich bestimmten Engagement zurückfinden muss. Auch hier kann ich im Sinne des Vaters handeln. Wo aber der Vater im Himmel anerkannt wird und sein Wort Geltung hat, da ist die Macht der Regierenden eingeschränkt, durch das Gebot, die Freiheit der Wähler beschränkt durch Verantwortlichkeit. Da spielt der Buchstabe der Verfassung nicht mehr die letzte Rolle, sondern das Gewissen. Da können Verfassungen überhaupt erst gehalten werden. Und hier ist es auch meine Pflicht dazu beizutragen, indem ich aus Liebe etwas anderes mache, um dem Wort Gottes wieder wert zu schaffen, auch wenn es andere nicht verstehen werden.

Es hat sich die Erkenntnis durchgesetzt, dass wir den unterentwickelten Ländern helfen müssen. In allen Lagern und aus verschiedenen Motiven ist man dazu bereit. Bei denen, die Hilfe brauchen, weiß man dies auch. Aber sie halten nicht einfach die Hand zum Nehmen auf, sie denken sich etwas dabei, oft nicht etwas Gutes. Sie wissen auch, dass häufig aus nackter Angst gegeben wird, um der Übermacht einer technisierten Barbarei zu entgehen oder die eng gewordenen Welt vor einem Unruheherd zu bewahren. Das macht sie bitter beim Empfang unserer Gaben. Wenn sie spürten, dass wir in ihnen die Brüder sehen, Kinder desselben ewigen Vaters, dann könnten sie annehmen, ohne erröten zu müssen. Dann wäre überhaupt das psychologische Klima für Entwicklungshilfe geschaffen und wir würden mit weniger aber ehrlicher Hilfe mehr erreichen.

Wir wissen längst, dass unsere Regierungen nicht mehr in der Lage sind, allein die Riesensummen aufzubringen, um den Hunger in der Welt zu stillen. Darum wird die Gebefreudigkeit des Einzelnen geweckt. Wir sind alle in die Pflicht genommen. Vereine und Hilfsorganisationen wie Caritas, Brot für die Welt, Don Bosco-Haus e.V., der Orden der weißen Väter, um nur einige herauszunehmen, unterstützen diese Vorhaben, jeder nach seiner Möglichkeit. Es mag für den Augenblick wirken, wenn wir seltsame Plakate drucken mit Kindern, die knochendürr sind, und Alten, die sich vor Hunger nicht mehr erheben können. Aber das Mitleid stumpft ab. Und an dem Anblick der Elenden kann man sich gewöhnen. Es ist eine Erfahrung, die wir immer wieder machen müssen, der Mensch, der lieblos heranwuchs, ist später kaum in der Lage oder im Stande, gütig zu sein und anderen liebevoll zu helfen. Er ist hart geworden. Das ist auch heute das Problem unserer Jugend und ihrer Zeit. Sie suchen Verständnis und finden es nicht. Sie suchen Menschen, wenn es schon im Familienkreis nicht möglich ist, ihre Probleme zu besprechen. Sie suchen Liebe und verstehen nicht, was wir unter Liebe verstehen. So stürzen sie sich aus Entbehrung der Liebe in die Materie, der Technik, mit Computer und Handy. Sie entfernen sich immer mehr dem täglichen Dialog, dem Gespräch mit den Eltern und Freunden. Deshalb wird es Zeit, dass wir uns wieder an die Grundwerte christlichen Denkens zurück erinnern. Suchen wir, dass sich unsere christlichen Völker dessen bewusst werden. Und wenn alle, die in Not sind, aus unserer Erfahrung – wir werden geliebt – die Mitbrüder und Mitmenschen in den unterentwickelten Ländern und in unserer unmittelbaren Umgebung weiter lieben, dann haben wir die Garantie, dass die Liebe immer groß genug sein wird, um die Mittel aufzubringen, um die Not der Menschen zu steuern.

Wer Gott liebt, soll auch seinen Bruder lieben. Liebe Brüder, wir wollen lieben, weil Gott uns zuerst geliebt hat! Wenn jemand sagt, ich liebe Gott, aber seinen Bruder hasst, ist er ein Lügner. Denn wer seinen Bruder nicht liebt, den er sieht, kann er Gott nicht lieben, den er nicht sieht! (1. Johannes, 4-10).

Dein Name werde geheiligt

Im Jahre 1959 hat Deutschland eine Schlacht verloren, die in ihren Auswirkungen viel schlimmer war als der verlorene Krieg. Damals kam der US-amerikanische Eisenhower zum Staatsbesuch nach Bonn. Er wurde mit überraschender Begeisterung von der Bevölkerung aufgenommen. Wie bei solchen Anlässen üblich, hielt er eine Ansprache an das Volk. Dabei lautete der letzte Satz: „God bless you" (Gott segne Euch). Der Dolmetscher, der die Rede Satz für Satz übersetzte, hat diesen letzten Satz unterschlagen. Warum er diesen Satz unterschlagen hat, entzieht sich meiner Kenntnis. Ob er ihn einfach überhört hat, ob es aus Nachlässigkeit geschah? Aber dass von den vielen Zuschauern, die Englisch verstanden, kein einziger aufgeschrien oder protestiert hat, dass bei uns der Name Gottes nicht genannt werden soll, das ist eine verlorene Schlacht. Oder, wer schrie auf, als unser neu gewählter Bundeskanzler nicht den Mut aufbrachte, vor seinem christlichen Volk, bei der Ernennung und dem Eid zu sagen: „So wahr mit Gott helfe!" Wenn wir schon stillschweigend erdulden, den göttlichen Willen, bis dass der Tod Euch scheidet, durch eine vierte Frau ignorieren, so müssen spätestens beim Eid die Christen spontan protestiert haben, selbst mit Demonstrationen gegen diese Feigheit. Hier haben wir zum zweiten Mal versagt, hier geschah genau das Gegenteil von dem, was uns aufgetragen ist im Vaterunser durch den Satz „geheiligt werde dein Name".

Bevor wir uns selber mit diesem Satz näher beschäftigen, müssen wir versuchen, ein wenig in die Bedeutung des Wortes „Name" einzudringen. Ich möchte beinahe sagen die Mystik des Wortes „Name".

Als Jesus Christus seinen Apostel zum ersten Mal das Vaterunser vorbetete, da geschah es in der Sprache seiner Heimat (Aramäisch) und in der Vorstellungswelt seiner Heimat. Dort aber hatte der Name noch eine andere tiefere Bedeutung als bei uns. Wenn bei uns einem Kind ein Name gegeben werden soll, dann ist dies kaum einer besonderen Überlegung wert. Ob Susi, Trudi, Walter oder Kurt, was bedeutet das schon? Man muss höchstens auf einige eifersüchtige Verwandte Rücksicht nehmen.

Bei den Völkern des Orients hat der Name eine viel tiefere Bedeutung. Übrigens bei allen Völkern, die der Natur noch näher stehen als wir. Der Name soll dort aussagen, etwas Besonderes aussagen über den Betreffenden. Er soll eventuell eine Wirkung auf seinen Träger haben. Darum wird nicht einfach aus einem Vorrat vorhandener Namen einer ausgesucht, sondern es wird sorgfältig überlegt und aus den Verhältnissen und Umständen heraus ein ganz neuer Name geprägt. Wenn ich bei uns auf der Straße einen Bürger anspreche und nach seinem Namen frage („Wer bist du?"), dann nennt er seinen Namen. Gewöhnlich bin ich dann so klug wie vorher. Was sagt mir sein Name? Wenn ich dagegen bei den Völkern, die noch die Kultur des Namens betreiben, einen frage, wer bist du, und er nennt mir seinen Namen, dann weiß ich schon Einiges über ihn, allein schon daraus, wie er sich nennt.

In einer solchen Vorstellungswelt spricht Jesus vom Namen Gottes. Er hat uns einen gültigen Namen gebracht, für den Unnennbaren, Unerforschlichen. Dieser Name heißt Vater – aramäisch „Abba". Etwas Klareres, Wichtigeres, Gültigeres hat niemand mehr über Gott gesagt, sagen können, und wenn er ganze Buchbände geschrieben hätte, als in diesem einen Wort mit dem Namen Vater ausgedrückt ist. „Vater" heißt Leben, unerschöpfliche Quelle des Seins. „Vater" heißt Güte, Kraft und Autorität. Ebenso wie Vertraulichkeit, Achtung, Treue, Ehrlichkeit, Liebe und Rechtschaffenheit. All das liegt in dem Namen, den uns Jesus gebracht hat, Heimat bei unserem Gott.

Wie ein Mensch zu einem anderen steht, das kann man feststellen, auch wenn man nicht in sein Herz hinein sieht. Man stellt es an der Art und Weise fest, wie er auf die Gegenwart des anderen reagiert. Ob er freundlich ist oder zugeknöpft, kalt, ablehnend oder hilfsbereit. Immerhin, im allgemeinen bleiben diese Reaktionen innerhalb bestimmter Grenzen. Wenn der andere wirklich eine Rolle im Leben eines Menschen spielt, dann kann es sein, dass er schon auf den bloßen Namen reagiert, auch wenn der andere weit weg ist. Es mag sein, dass seine Augen zu leichten beginnen, wenn der Name genannt wird, oder dass er in Wut bei der bloßen Nennung des Namens gerät. Es kommt vor, dass einer blass bis in die Schläfen wird, aus Angst vor dem Namen des anderen, oder dass er beruhigt ist und wieder Mut fasst, wenn er den Namen des anderen hört. So sollte die Wirkung des Namen Gottes in unserem Leben sein. Das sollte die Rolle sein, die Gott in unserem Leben spielt, dass uns sein Name nicht gleichgültig lässt, sondern uns so tief innerlich erfasst, dass wir sagen können, sein Name sei uns heilig. Dass es so weit mit uns komme, darum bitten wir im Vaterunser „geheiligt werde dein Name".

Die heilige Schrift kennt ein Buch, das filmisch geschrieben ist. Darum war es lange Zeit schwer zu verstehen. Und der Mensch, der an Filmtechnik gewöhnt ist, hat heute vielleicht eher Zugang zu diesem letzten Buch der heiligen Schrift, der geheimen Offenbarung, als der früherer Mensch. In diesem Buch kommt eine Stelle vor, in der, wie wir es heute in Filmen kennen, zurück geblendet wird. Zurück geblendet bis in die Fernsehvergangenheit, bis in eine Zeit, in der es noch keine Menschen gibt, keine sichtbare Welt, nur Gott und sein Reich. Damals wurde dort vom Bösen die Parole aufgestellt: „Gelästert werde dein Name!" Luzifer wollte sich nicht dem Willen Gottes unterwerfen: Non serviam – ich diene nicht! Das heißt: du bist nicht mein Vater, du bist nicht die Quelle meines Seins, dein Wille ist nicht gültig, du hast nicht die Autorität, mir etwas vorzuschreiben, darum: „Gelästert werde dein Name!" Diese Sünde wurde in die sichtbare Schöpfung hineingetragen, als Satan die Menschen im Paradies versuchte. Eva wusste genau: von dem Baum der Erkenntnis dürfen wir nicht essen, Erkenntnis vom Guten und vom Bösen, sonst müssen wir sterben. „Keineswegs müsst ihr sterben", log die Schlange und sagte damit: Gott hat nicht Recht, er meint es auch nicht gut mit euch. Gott ist nicht der weise. Kurz, Gott ist nicht euer Vater." Hier wurde des Name Gottes durch die Worte Satans, das Tun der Menschen gelästert." Wieder erklingt diese Parole, als Gott dem ersten Mörder (Kain) noch eine Chance gibt, Verzeihung zu erlangen: „Meine Schuld ist zu groß, dass sie mir vergeben werden könnte", erklärt Kain. Das heißt, du bist nicht mein Vater mit unerschöpflicher Liebe und Güte, der Herr ist erhaben über jede Menschenschuld: „Gelästert wird dein Name" Und die Parole erklang, als Judas wider Jesus bei der Salbung in Betanien murrte: „Man könnte oder hätte das Öl verkaufen und den Erlös den Armen geben können." Als er seine dunklen Pläne gegen den Sohn des Vaters, der die Welt erlösen sollte, verfolge, auch hier hieß es: „Gelästert werde dein Name!" Schließlich, als man in Moskau ein Denkmal für eben jenen Judas Iskariot, den ersten großen Revolutionär (Revolutionär gegen Gott) errichtete, da erklang wieder die schaurig verwirklichte Parole: „Gelästert werde dein Name!".

So furchtbar diese Parole ist, ist sie nicht hoffnungslos. Gott wird ernst genommen, grimmig ernst, wenn auch als Gegner. Und der Hass kann auf die Dauer auch über Hass-Liebe in Liebe umschlagen, wenn Gott es in seiner Gnade gibt. So wie Saulus in Damaskus in den Sand geworfen wurde, so kann der Gegner Gottes von Gott eingeholt und niedergeworfen werden, vielleicht sogar bekehrt werden. Es gibt eine andere Parole, die nicht einfach schlichter, aber bei weitem gefährlicher ist. Christen haben diese Parole aufgestellt. Christen, die aus dem Mund ihres Meisters den Vaternamen gehört haben. Diese Parole heißt: „Totgeschwiegen werde dein Name!" Wir haben, mit farbigen Studenten, die jetzt zu Tausenden an den Hochschulen unserer Geistesdenker in Deutschland studieren, eine merkwürdige Erfahrung machen müssen. Unter diesen Menschen sind ein ganzer Prozentsatz Christen, von Missionaren getauft und in der Christlichen Lehre unterrichtet. 75 Prozent verlieren in Deutschland ihren Glauben, dieser farbigen Katholiken. Warum eigentlich? Daran ist nicht das Nachtleben in unseren Städten schuld. Nicht eine gottlose Presse oder gar Gotteslästerungen auf unseren Kathetern. Der junge Farbige kommt nach Europa, um hier zu studieren. Er will wissen, wodurch Europa zu dem geworden was es heute ist. Er möchte dies in sich aufnehmen und später sein Volk zu ebensolcher Größe und Freiheit führen. Dann kommt er an unsere Hochschulen, lernt Zahlen und Formeln, Methoden und Praktiken. Aber über Gott wird geschwiegen. In den meisten Fällen nicht einmal absichtlich, meist geschieht es aus Gedankenlosigkeit. Nach ein bis zwei Jahren keimt eine Erkenntnis im Herzen des jungen Studenten, die er für eine Errungenschaft hält, demnach ist Deutschland groß geworden, durch Zahlen und Formeln, durch Praktiken und Methoden, und nicht durch Gott, wie uns die Missionare weis machen.

Und nur vielleicht sind wir selbst nicht so anfällig, nicht ganz so anfällig wie der farbige Student, wie unsere nach Halt und dem des Sinn des Lebens suchende Jugend. Doch auf die Dauer kann sich keiner der Wirkung dieses schweigenden Komplotts entziehen. Wir sind darauf angewiesen, dass wir an Gott erinnert werden. Durch das gedruckte Wort, durch Glocken, die weithin vernehmbar Gottes Lob künden, durch Kirchtürme, die in der Ferne sichtbar sind. Wir können kein einziges Zeichen entbehren, das uns an Gott erinnert, sonst erliegen wir dem religiösen Verschleiß einer immer profaner werdenden Welt. Der veräußerlichte, viel beschäftigter Mensch von heute entdeckt Gott nicht so einfach in seinem Inneren, wenn er nicht von außen angesprochen und der Name Gottes genannt wird.

Das Wort „Gelästert werde dein Name" kann Menschen aufputschen. Die Parole „Totgeschwiegen werde dein Name" schläfert ganze Völker ein. Christus aber sagt: „Geheiligt werde dein Name." Unter dieser Parole kann die Welt gerettet werden. Wir sprechen von – mit Gott nicht nur im stillen Kämmerlein – wenn wir beten. Wir wünschen nicht ein Prosit Neujahr sondern ein gesegnetes neues Jahr. Und wir sagen nicht fröhliche Ostern sondern gnadenreiche Ostern. Denn Segen und Gnaden besagen: Gott mit uns! Es ist uns wichtig seinen Namen zu nennen.

Es gibt merkwürdig kein Gebot: Du sollt dein Abendgebet oder dein Morgengebet oder dein Tischgebet verrichten, es gibt nur ein Gebot, dass wir beten sollen. Und trotzdem fühlt sich der Christ irgendwie belastet, wenn eines dieser Gebete nicht gesprochen wurde und klagt (bei Katholiken) sich dessen sogar in der Beichte an. Im Grunde mit Recht. Wir sind darauf angewiesen, dass wir an den Stationen unseres täglichen Lebens, morgens, abends und bei Tisch uns mit Gott beschäftigen, damit er in unserer Gedankenwelt eine Rolle spiele, damit wir ihm mitnehmen in die Arbeit und ins Vergnügen. Auch zum Sportplatz und zu Veranstaltungen, warum sollten wir ihn irgendwo leugnen? Bei Fußballern sieht man heute häufig, dass sie sich vor jeder guten Szene bekreuzigen und Gott dafür danken. Wenn diese Sportler den Mut haben, vor einer breiten Öffentlichkeit sich zu bekennen und Gott zu loben, warum sind wir nicht bereit, es ihnen gleich zu tun? War es nicht eine herrliche Geste, als die Brasilianer bei der Fußball-Weltmeisterschaft vor jedem Spiel und nach jeder gelungenen Aktion ihr Kreuz-Zeichen machten? Sie nahmen Gott mit in ihr Spiel, sie bezogen ihn in ihre Spielweise ein. Wenn das geübt wird, spielt Gott eine große Rolle in unseren Gedanken und wird dann auch in unseren Worten vernehmbar werden. Dann können wir ihn bitten, den Platz einzunehmen, den sein Name verlangt. „Vater" dann wird uns dieser Name nicht nur wertvoll, nützlich, bändigend für unsere Leidenschaften, richtungsweisend für die Schwierigkeiten unseres Lebens. Der Name wird uns zum Höchsten, zum großen Ideal, wird uns heilig. Dann werden sich auch die Probleme mit unseren Kindern und mit der Jugend im besonderen leichter lösen. Denn diese sehen wieder einen Sinn im Leben, ein Ideal. Und brauchen nicht mehr vor ihren Schwierigkeiten davonzulaufen. Sie haben wieder einen Halt, den sie bei uns nicht finden konnten, da wir ja selbst den Halt verloren haben. Geheiligt werde dein Name.

Es genügt nicht, dass jeder Einzelne für sich diese Parole lebt. Wer Gottes Name heilig halten will. Kann nicht zulassen, dass neben ihm Gottes Namen gelästert oder totgeschwiegen wird. Darum müssen wir uns anstrengen, wir müssen wesentliche Opfer bringen, dass die Völker den Namen Gottes kennen lernen und dass ihnen der Name Gottes heilig werde und bleibe. Das wäre eine wirkliche Veränderung der

Welt. Für dieses hohe Ziel bitten wir den Gott-Vater selbst um seine Hilfe. Lasst uns einen Teil der Kraft finden. Die Mutter Theresa in Indien aufbrachte und dort den Namen Gottes heiligte. Deshalb lautet unser Gebet nicht verzweifelt: Zertrümmer diese Welt. Es darf nicht pessimistisch lauten oder überheblich: Strafe die Sünder! Wir sind ja selber Sünder. Wir beten auch nicht: Gott, übersehe all das Böse in der Welt. Lass es einfach gut sein. Nein, das christliche Gebet lautet: Vater, lenke unsere Herzen so, dass sie dich kennen, lieben und ehren. „Geheiligt werden dein Name.“

Zu uns komme dein Reich

Es wurde erzählt, ob es wahr ist, kann ich nicht überprüfen, dass auf der Konferenz von Jalta, wo über das Schicksal Europas und insbesondere über Deutschland verhandelt wurde, Churchill den Vorschlag gemacht habe, man solle den Papst als Schiedsrichter anrufen. Jedenfalls wäre es dem geschichtlich Geschulten und mit Zivilcourage reichlich ausgestattetem Churchill zu glauben, dass er einen solchen Vorschlag in die Debatte wirft. Die Antwort Stalins sei ein Achselzucken gewesen und die Frage: Wie viel Divisionen hat der Papst? Von uns hätte wohl keiner eine so scharf formulierte Antwort gegeben. Aber etwas von dieser Haltung steckt mehr oder weniger in uns allen. Wir verbinden mit dem Wort „Reich" eine ganz bestimmte Vorstellung. „Reich" heißt Macht und Ordnung. „Reich" braucht eine Polizei nach Innen und eine Armee nach Außen. Die Polizei soll Ordnung halten, die Armee soll vor Angriffen von Außen schützen. „Reich" ist etwas Begehrenswertes.

Der Bösewicht ist eingeschüchtert, und man kann ohne Furcht vor Räubern nachts durch die Straßen gehen. Dafür sorgt die Polizei. Der Friede ist dauerhaft und man hat Aussicht, die Früchte seines Fleißes in Ruhe zu genießen. Dafür sorgt die Armee. Allerdings ist im Bild von „Reich" auch immer ein Schatten. Die Ordnung kann durch eine Revolution gestört werden. Der Friede kann dem Krieg weichen müssen. Sabotage und Bomben können uns um die Früchte der Arbeit betrügen.

Irgendwie aber lebt im Herzen des Menschen der Traum vom großen Reich, das weder von innen noch von außen gefährdet ist, das keine Polizei braucht, weil der Bürger aus

Herzensgesinnung Ordnung hält, das keine Armee braucht, weil es nicht angegriffen wird. Die Legenden und Sagen der Völker lebt diese Vorstellung von „Reich". Meistens wird es in die Vergangenheit gelegt. Man spricht dann vom goldenen Zeitalter oder abgeschwächt von „der guten, alten Zeit". Die Offenbarung sagt uns Gläubigen, dass es (das Reich) nicht nur ein Traum ist, dass so ein Reich nicht nur möglich ist, sondern dass es sogar kommen wird. Und dass wir sein Kommen beschleunigen können, durch das Gebet: „zu uns komme dein Reich."

Hier könnte jemand einwendend fragen: Ist nicht die Natur das Reich Gottes? Man hat uns in Kindertagen erzählt, dass jedes Geschöpf aus der Hand Gottes kommt, und dass alle Geschöpfe zusammen eine wunderbare Ordnung mit Gesetz und Plan bilden, ausgedacht von einem allwissenden Schöpfer, erhalten vom allmächtigen Gott und Gelenkt durch dessen Vorsehung. Zu diesem Reich gehören Land und Meer, Pflanze und Tier, und auch der Mensch. Wenn man will, kann man die Natur ein Reich Gottes nennen. Genauer wäre: Das Reich des Schöpfers. Der Vollständigkeit halber muss man allerdings hinzufügen, dass die Natur nur ein Anfang ist, eine Grundlage für etwas Größeres (ein dreidimensionaler Ausdruck des multidimensionalen Sein Gottes), das nicht in Worte zu kleiden ist. Wir sprechen von Übernatur.

Die Dinge sind um des Menschen Willen geschaffen worden, der in der Mitte der Schöpfung steht und den Geistesfunken hütet: Verstand und Freiheit des Willens. Der Mensch aber wurde mit dem übernatürlichen Leben beschenkt, das wir auch „heilig machende Gnade" nennen. Sichtbar ist nur die Natur und die noch nicht einmal insgesamt. Das ist mehr als die Natur gibt, sagt uns der Glaube. Hier scheiden sich die Geister: Entweder, wir glauben an die Existenz der Übernatur, oder wir glauben nicht. Ein Beweis ohne Offenbarung können wir nicht führen.

Es steht aber geschrieben: „Die Ehre sei verflucht um deinetwillen!" So wie die Natur heute ist, liegt ein Fluch auf ihr. Der Mensch hat gesündigt, und durch den Menschen ist die Natur in „Unordnung" geraten. Darum kann der Grundsatz „zurück zur Natur" niemals eine Heilsparole sein. Wir könnten immer nur zur erbsündig belasteten Natur zurück kehren, zur Erde auf der ein Fluch liegt: Und schon gar nicht könnten wir in diese Natur das Samenkorn der Gnade einsenken, das zur Verklärung und Herrlichkeit werden soll.

Wir müssen noch von einem zweiten Reich sprechen, dem man gerne den Namen „Fortschritt" gibt. Es ist ein Reich des Menschen. Dieses Reich ist gottgewollt und dem Menschen mit dem Machtwort übertragen: „Erfüllet die Erde und machet sie euch Untertan". In Gehorsam gegenüber diesem Befehl entstand ein Reich, dem wir den Namen Kultur, Technik, Zivilisation und all das, was mit diesen Namen zusammenhängt, geben. Man sollte dieses Reich, von unserer Seite aus, nicht immer verdächtigen. Forschen und suchen, konstruieren und die Mächte der Natur bändigen und immer mehr in den Dienst der Menschheit zu stellen, ist wahrhaftig kein gottloses tun. Man sollte diese gigantischen Anstrengungen nicht einfach glaubenslosen Menschen überlassen und sich hochmütig lächelnd auf das unbedingt Notwendige zurückziehen, um nicht zu verhungern. Wir haben den Auftrag, die Naturkräfte in Dienst zu stellen, unsere Technik und Zivilisation zu entwickeln und in den Dienst geistiger und kultureller Werte zu stellen. Wir könnten sogar in einen edlen Wettbewerb mit vielen armen Menschen kommen, die Gott verloren haben und nur noch die Bemühungen um den Fortschritt kennen.

Allerdings darf der besonnene Mensch nicht vergessen, dass eine tiefe Einsicht in die Naturgeheimnisse, raffiniertere Konstruktionen und überlegene Technik nur dann ein wirklicher Fortschritt sind, wenn sie zugleich die Menschen bessern. Sonst ist es ein Rückschritt, weil mit den neuen Möglichkeiten auch die Gefahren wachsen werden. Als der Mensch den Funken noch aus dem Stein schlagen musste, konnte er eventuell eine Hütte anzünden. Heute können die Menschen mit einem Druck auf den Knopf ganze Städte und Länder vernichten. Mit den Giften aus dem Wald war es den primitiven Menschen möglich, einen misslichen Feind aus dem Weg zu räumen. Heutige Chemikalien sind in der Lage, ganze Völker auszurotten. Lügen konnte man schon zu allen Zeiten und die heutigen politischen Parteien zeigen einen reichlichen Gebrauch dieser Macht (der Lüge). Man kann heute leicht Millionen von Menschen, mit Lügen, die über ein raffiniertes Nachrichtensystem verbreitet werden, verführen. Und leider nutzen unsere politischen Parteien diese Möglichkeit des negativen Handelns, mehr als es gut ist. Wir sehen, auch die Möglichkeiten von Gut und Böse werden größer, die Technik wächst und ebenso das Risiko von Sabotage und Selbstmord der Menschlichkeit.

Dass es soweit kam, ist nicht nur einfach die Schuld des Menschen. Eine weitere Macht greift in die Natur hinein: Satan; das Böse bedient sich des Menschen. Aus eigener Kraft allein kann sich der Mensch nicht mehr selbst befreien: Er braucht Hilfe von „oben" dazu. Darum kann auch der Fortschritt allein niemals eine Heilsparole sein. Das Reich unserer sehnlichsten Wünsche, das Reich, welches uns wirklich Heil bringt, das Satan besiegt, die Natur vom Fluch befreit und die Gnade wieder in die Herzen der Menschen senkt. Wir nennen es das Reich der Erlösung. Wir könnten es auch

das Reich des „Vaters" nennen: Darum beten wir im Vaterunser: „Dein Reich komme".

Über das Reich des „Vaters" müssen wir uns zwei Fragen
stellen. Erstens: Was ist dieses Reich? Und Zweitens: Wo ist
dieses Reich? Auskunft über die erste Frage kann uns nur
der geben, der vom Vater her kommt: Jesus Christus. Er hat
uns nicht den Gefallen getan, dass er uns eine kurze, bündige
Erklärung gegeben hat, die alles zusammenfasst, was über
dieses Reich zu sagen wäre. Wir können aber, aus seinen
Predigten und Reden, die Einzelheiten wie Mosaiksteinchen
zusammenlegen, um ein Bild vom Reich zu bekommen. Der
Heilige Paulus, der gelehrige Schüler des Herrn, hat einen
Ausdruck geprägt, der uns viel über dieses Reich sagt: Nämlich „nova creatura" (Neuschöpfung). Wir nutzen auch hier
das Wort Gnade. Es geht eine Kraft von Gott aus, die die
Natur heilt, den Fluch hinweg nimmt und in die Natur des
Menschen das übernatürliche Leben einsenkt. In die Natur
des Menschen ebenso wie in die Natur überhaupt. In dem
Maße, wie das Leben Gnade sich im Menschen und durch
den Menschen in der Welt entfaltet, kommt das Reich Gottes zu uns. Der Herr selber hat einmal gesagt: „Ich bin das
Licht der Welt". Wieder ein Mosaiksteinchen für das Bild
vom Reich. All das, was Forscher zusammen erarbeiten an
Erkenntnissen und Forschungsergebnissen, was Denker er-
denken und zu philosophischen Systemen verarbeiten, die
Lebenserfahrung aller Geschlechter, reicht bei weitem nicht
heran an das, was uns die Offenbarung, schließlich durch Jesus Christus zusätzlich gesagt wurde. Das Reich Gottes ist jenes Reich, in dem die Menschen (belehrt durch Jesus Christus) tiefe Erkenntnisse über Gott und die Welt, über Gottes
Willen und das Ziel der Menschen bekommen haben. Wodurch sie teilnehmen am Wissen und an der Weisheit Gottes.

In einem anderen Zusammenhang sagt der Herr: „Wer an mich glaubt, wird in Ewigkeit nicht sterben." Damit erfahren wir wieder etwas vom Reich. Es überdauert die Zeiten, es überdauert im Einzelmenschen sein diesseitiges Leben, es überdauert im Ganzen das Diesseits, um in die Ewigkeit zu münden. Der Heilige Johannes „der Vorläufer" des Herrn hat darauf hingewiesen, als er sagte: „Seht das Land Gottes, das hinweg nimmt die Sünden der Welt." Reich Gottes ist das Reich, in dem die Sünde überwunden wird. Im Diesseits, in dem der Mensch die Kraft bekommt, das Leid durchzustehen, ohne zu murren und ohne den Mut zu verlieren. Im Jenseits, in dem es kein leid mehr gibt.

Wo ist das Reich? Mit einem Wort: jenseits. Oder, wenn wir so sagen wollen: In der Welt Gottes. Dort, wo wir alle hin wollen, und einmal endgültig Heimat finden sollen. Ein Vertreter dieses Reiches kam auf unsere Erde, als der Gottessohn Mensch wurde. In diesem Menschen Jesus Christus wanderte der erste Vertreter des Gottesreiches über unsere Erde. Seitdem ist das Reich nicht nur jenseits, sonder hereingekommen ins Diesseits. Es ist uns eine geläufige Vorstellung, dass Christus zwar auferstanden ist und in den Himmel aufgefahren: Dass er aber die Erde nicht ganz verlassen hat. Er lebt weiter in seinen Gliedern, den Christen. Sie nehmen mehr oder weniger teil an den Gaben des Reiches, die Jesus Christus gebracht hat, an seinem göttlichen Leben durch das Geheimnis der Gnade. An dem göttlichen Wissen durch den Glauben an seine Lehre: An seiner Verklärung durch die Wiedergeburt in der Taufe: An seiner Auferstehung durch die leid- und todüberwindende Kraft des Kreuzes: An seiner Ewigkeit durch das „lebendige Brot": An seiner Heiligkeit durch die Vergebung der Sünden. Aber all diese Gaben besitzen wir noch unvollkommen. Die ganze Herrlichkeit gehört erst einem Teil der Menschen. Da die Welt immer mehr beschenkt werden kann durch die Gaben Jesu Christi, ist dieses Reich immer noch im „kommen". Es wird erst dann endgültig sein, wenn Christus wieder kommt, um endlich das Reich zu errichten. Diese Stunde zu beschleunigen, die Welt reifer zu machen, die Sehnsucht wachsen zu lassen, die Hoffnung zu stärken, auf jene Stunde, das ist der Sinn des Gebetes: „Dein Reich komme."

Es ist ein sehr anspruchsvolles Gebet, wenn wir sprechen sollen: „Dein Reich komme." Das ist eine Ohrfeige für die Satten, die meinen, wenn sie etliche Kleinigkeiten erfüllt haben, um das Risiko für ihr persönliches Schicksal nach dem Tod nicht zu groß werden zu lassen, dann hätten sie alles getan, was Religion von ihnen verlangt und Religion ihnen ermöglicht. Menschen, die mit ihren Energien praktisch nur im Diesseits stehen, die mögen mit den Lippen sagen: „Dein Reich komme." Ihr Herz gehört dem Diesseits. Es ist ein erster Tadel für diejenigen, die nur arrogant lächeln und auf die anderen herab schauen, die mit gigantischen Anstrengungen auf ihre Weise Rettung der Welt suchen in den großen Bewegungen des Kommunismus, des Sozialismus, eines Buddhismus, einer von vielen Sekten und pseudo Heilslehren, einer moralischen Aufrüstung oder wie nun all die Versuchungen genannt werden.

Bestimmt ist nicht alles Egoismus. Es steckt unendlich viel guter Wille und unendliche Anstrengung dahinter, wenn sie auch im grauenhaften Irrtum sind und die wesentliche Rettung auf falschen Straßen suchen. Aber wir sollten wenigstens eine geheime Verwandtschaft spüren in der großen, echten Sehnsucht. Das Wort: „Dein Reich komme", ist ein Stachel für die Saumseligen, die die Möglichkeit nicht ausschöpfen, die wir zu Rettung der Welt haben: Nämlich Ausbreitung des Glaubens, Verkündigung der gewaltigen

Hoffnung, die wir haben, Rettung der Welt aus der Panik der Weltangst. Wer die Bitte „Dein Reich komme", richtig zu beten versucht, hat einen Prüfstein für die Echtheit seiner religiösen Haltung, hat ein Gebet, an dem der Mensch gesundet und eine Religion, die zu einer wunderbaren Höhe wächst. Ihm zum Heil mit einer ganzen Welt zur Rettung.

Wille Gottes

In Rom, auf dem rechten Tibet-Ufer, steht eine trotzige Festung: Die Engelsburg. Das Innere beherbergt heute so etwas wie ein Nationalmuseum. In einem der Säle wird die Fahne ausgestellt, unter der Garibaldi kämpfte, als er in Rom einrückte und dem Papst den Kirchenstaat wegnahm. Auf dieser Fahne steht geschrieben: Dio vuole (Gott will es). Ein trauriger Unfall ist passiert. Ein Mann wurde von einem Auto erfasst, er war auf der Stelle tot und hinterlässt Frau und vier Kinder. In der Todesanzeige steht zu lesen: „Gott dem Allmächtigen hat es gefallen". Mit anderen Worten: Es war Gottes Wille. Der Herr hat uns aufgetragen, Gott zu bitten, dass Gottes Wille geschehe: „Dein Wille geschehe, wie im Himmel also auch auf Erden." Wie ist das eigentlich mit diesem geheimnisvollen Willen Gottes? Stimmt das mit der Fahne von Garibaldi? Irgendwann kann es schon stimmen, dass es Gottes Wille war: Sonst wäre die Eroberung Roms wohl kaum geglückt." Stimmt das, was in der Todesanzeige zu lesen war? Irgendwie kann auch das stimmen, sonst wäre es nicht passiert. Ob man um den Willen Gottes „um seine Verwirklichung beten kann und soll", dürfen wir gar nicht fragen. Der Herr hat es gesagt.

Das Wort vom Willen Gottes wirft zunächst einmal ein helles Licht auf Gott selber: „Gott will." Damit unterscheiden wir uns vom Götzendienst alter und neuer Zeit. In alter Zeit lagen Götzendiener vor Holzklötzen und Steinblöcken, die weder denken wollten noch konnten, auf den Knien. In neuerer Zeit verbessern die Götzendiener das Gottesbild zu einem verschwommenen Bild. Sie sagen gerne: Ein höheres Wesen. Das klingt unverpflichtend. Man muss sich auf nichts festlegen. Niemand kann den Vorwurf machen, man sei gottlos, niemand findet einen Angriffspunkt in dieser Aussage.

Wir aber sagen: „GOTT WILL". Damit wird Gott zum „DU" zu jemanden, der denkt und will. Rationales Wollen bedingt eine intelligente Denkfähigkeit.

Das Tier kann nicht aus dem Gedanken heraus „wollen". Es will nicht, weil es ein irrationales Wesen ist. Ein Tier handelt aus Trieben und Instinkten. Der Mensch als rationales Wesen aber hat Gedanken, zu denen er ja oder nein sagen kann: Er will. Gott ist jemand, weil es einen Willen Gottes gibt. Jetzt müssen wir aber sofort eine Korrektur anbringen, die eigentlich immer fällig ist, wenn wir von Gott sprechen. Alle Menschenbegriffe sind aus der Erfahrung genommen, und all unsere Worte bezeichnen zunächst einmal die Welt unserer Erfahrung. Wenn wir von Gott sprechen, so können wir dies nur in den Worten unserer Sprache tun. Soll aber dann das, was wir über Gott aussagen, der größtmöglichen Wirklichkeit entsprechen, dann müssen wir natürlich sofort hinzufügen: Bei Gott ist alles anders, von unendlichen Dimensionen. Wir dürfen (und müssen) sagen: „GOTT WILL". Dann aber sofort ergänzen: Er will, göttlich, groß und gewaltig. Alle Energien des Weltalls zusammen, die physischen sowie die moralischen Kräfte, alle geballte Willenskraft der gesamten Menschheit, kommt nicht an die gewaltige Energie eines göttlichen Entschlusses heran, wenn er sagt: „ICH WILL". Wenn Gott will, ist die unendliche Energie des Allmächtigen in Bewegung gesetzt.

Der Mensch kann in seinen Entschlüssen, in seinem Wollen voreilig sein. Dann wird er seine Entscheidungen oft ändern. Oder er kann eigensinnig sein. Dann wird er bei seinen Entscheidungen bleiben, selbst wenn der Verstand ihm abrät. Vom Menschen, dessen Entscheidungen zweifelnd und unschlüssig sind, sagen wir: „Er weiß nicht, was er will."

Darum ist der Wille Gottes immer anbetungswürdig, voll Weisheit, voll Liebe, voll Festigkeit.

Manchmal sind wir uns nicht genügend bewusst, dass wir mit dem einen Wort „Wille Gottes" zwei verschiedene Wirklichkeiten bezeichnen. Wenn man sie nicht genau auseinander hält, kann man Grund zu manchem Missverständnis und Unmut haben. Es gibt einen Willensentschluss Gottes, der ohne jede Bedingung ist. So ein Willensentschluss ist zum Beispiel: „Es werde". Damit kam die Schöpfung. Niemand hätte Gott hindern können. Auch ein Gebot kann den klaren Willensentschluss Gottes niemals umstoßen. Wie soll kleine Menschenweisheit oder Wehleidigkeit Gott umstimmen? Wenn wir immer wüssten, welchen Entschluss Gott gefasst hat, dann wäre unser Bittgebet nicht mehr möglich – oder nicht nötig. Es sei denn, wir sprächen: „Ja, Dein Wille geschehe." Gott kann in seine Entschlüsse ein bestimmtes Maß am Menschengebet oder menschlichen Verdiensten mit aufgenommen haben. Darum das Wort des Herrn Jesus Christus: „Bittet, und Ihr werdet empfangen." Es ist nicht so, dass man Gott, den Allweisen in seinen Entschlüssen wankend machen könnte, ihn mit drängendem Gebet beschwätzen oder überlisten könnte. Man kann nur in Ehrfurcht jenes Maß an Vertrauen und Hingabe an Gott leisten, das ER vorgesehen hat als Bedingung für seine Gaben. Man kann sich durch das Gebet selbst in eine Verfassung bringen, dass wir für Gottes Wohltaten reif werden.

Etwas anderes will Gott im Gebot: „Du sollst", hier will er die Freiheit. Dem Tier sagt man: „Du musst", Gott sagte der leblosen Natur: „Du musst", dem Menschen aber: „Du sollst". Das heißt, du kannst auch anders. Wenn der Mensch sich nach Gottes Gebot richtet, erfüllt er seinen Willen, den Willen Gottes. Wenn er gegen Gottes Gebote verstößt, hindert ihn Gott für gewöhnlich nicht. Er lässt ihn nicht die Zunge verfaulen, die die Lüge sagt – was würde aus den vielen Politikern werden, wenn sie nicht mehr sprechen könnten, und den Arm nicht lahm werden, der das Messer zückt, und den Menschen nicht sterben, der geflucht hat. Denn auch dann erfüllt der Mensch den Willen Gottes, wenn auch auf einem Umweg, manchmal einen sehr traurigen Umweg. Hier begegnen wir eine neue Form göttlichen Willens, nämlich der göttlichen Zulassung.

Gott will die Freiheit und lässt es zu, wenn der Mensch seine Freiheit missbraucht. Gott kann dies, weil er am Ende doch seine Pläne durchsetzt. Entweder beugt sich der Mensch schließlich und wird selig, oder er beugt sich nicht und wird verdammt. Aber wie er sich auch entscheidet, immer beugt er sich dem allmächtigen Willen Gottes. In einem volkstümlichen Sprichwort heißt es: „Gott kann auch auf krummen Linien gerade gehen." Das anschaulichste Beispiel einer Zulassung Gottes ist das Kreuz unseres Herren, Jesus Christus. Gott wollte die Erlösung der Menschen. Das war sein heiliger und unabänderlicher Willensentschluss. Zwischen diesem Entschluss und seiner Verwirklichung liegt eine Welt an Zulassung, die Feigheit eines Richters, das gedankenlose Geschrei des Pöbels, die grausame Arbeit der Henker, das ungerechte Sterben Jesu Christi. Aber am Ende stand der verklärte Christus und die erlöste Welt. In unserer Verlegenheit bezeichnen wir vieles, was uns unverständlich scheint als: „Wille Gottes", obwohl wir vorsichtiger von der „Zulassung Gottes" sagen müssten. Auch das ist eine Form göttlichen Willens, aber eine, die vieles an menschlicher Torheit und menschlicher Schwäche mit einrechnet, um am Ende zu heiligen Ergebnissen zu kommen.

Gott wollte, das sein Ebenbild auf Erden, der Mensch, auch jemand sei, der denkt und will. Weil es einen Menschenwillen gibt, gibt es auch eine Begegnung zwischen Gottes Willen und dem Willen des Menschen. Die Auswirkung dieser Begegnung ist für den betroffenen Menschen schicksalshaft. Der Wille des Menschen kann gegen den Willen Gottes revoltieren. Schon die griechische Mythologie der Antike kannte hier ein Beispiel: Prometeus, der Mann, der den Willen der Götter trotze, um den Menschen gegen den Willen der Götter das Feuer vom Olymp brachte, dafür zur Strafe an einen Felsen gekettet wurde, und sich dennoch weiter auflehnte. Es war für die Antike die Gestalt, die die größtmögliche Nähe eines Menschen gegenüber dem Göttlichen bedeutete, eine Quasi-Unendlichkeit des Trotzes. Auch in unserer Literatur spuckt hier und dort noch dieser Gedanke herum. Wir sind dafür verantwortlich, dass solche Ideen mit Stumpf und Stiel ausgerottet werden und in der Erziehung unserer Jugend im Werden ihrer Ideale gar keine Rolle mehr spielen dürfen. Der Trotz gegen Gott ist niemals Größe sondern Verirrung.

In dieser krassen Art dürfte die Prometeus-Haltung unter Christen, insbesondere unter solchen, die in die Kirche gehen, selten sein – wenn sie überhaupt vorkommt. In abgeschwächter Form finden wir sie aber doch. Trotz gegen Gott ist das Murren und der Hader. Manchmal ist es nicht böse gemeint und nur die Äußerung einer übermächtigen Emotion. Aber wir sind dafür haftbar, dass wir in den ruhigen Stunden unseres Lebens gesagt haben: „Dein Wille geschehe", die Heiligkeit und die Weisheit göttlichen Willens so häufig überdacht haben, dass Hemmungen genug in unserem Herzen sind, auch im Leid und im Unglück nicht zu hadern. Eine andere Art der Begegnung zwischen dem Willen Gottes und dem des Menschen ist der törichte Versuch des Menschen, sich am Willen Gottes quasi vorbei zudrücken.

Dieser Versuch steckt in den meisten Sünden der Menschen. Wo es sich nicht um die Sünde mit erhobener Hand handelt, also dem ausgesprochenen Widerstand gegen Gott, wo der Mensch nicht einfach mit Gott brechen und seine Ewigkeit riskieren will, da sucht er Kompromisse. Der Mensch will es besser wissen als der, der die Gebote gab. Irgendwo will er klüger sein. Aus- und oder Umwege finden gegenüber der radikalen Unumstößlichkeit der Gebote Gottes. Das ist die Erbärmlichkeit des Sünders. Diese Erbärmlichkeit einsehen und erleben müssen, ist ein wesentlicher Teil unserer Sündenstrafe.

Wieder eine andere Begegnung des Menschenwillen mit Gotteswillen ist das Ringen mit Gott und das Wachsen am göttlichen Willen. Dazu will uns das Gebet „Dein Wille geschehe" anleiten. Man kann sich ja einmal fragen: Dürfen wir gewöhnlichen Menschen, die wir tausendmal unseren Schwächen Zugeständnisse machten, dürfen wir im Angesicht des allwissenden Gottes sage: „Dein Wille geschehe, wie im Himmel so auf Erden", ohne Gott zu einem mitleidigen Lächeln herauszufordern oder ohne uns schrecklich zu täuschen? Ja, wir dürfen es, wenn wir es bescheiden tun. Das Gebet darf nicht in pharisäischer Überheblichkeit gesprochen werden, sondern, so als ob wir uns tatsächlich auf einer solchen Höhe befinden. Es darf nicht in naiver Unkenntnis unserer eigenen Schwäche gesprochen werden, sondern als eine demütige BITTE; so soll es sein und dahin möchte ich kommen, dass ich ein „volles ja" sagen könnte in Freud und Leid, in Erfolg und Misserfolg, im Leben und Sterben, es muss ein demütiges Anbeten des heiligen Willen Gottes sein. Dann wird aus diesem Gebet Gnade, dann wächst der Wille des Menschen allmählich hinauf in die Nähe göttlichen Willens.

Es gibt noch eine weitere Begegnung des menschlichen mit dem göttlichen Willen. Diese ist allerdings nur sehr selten und ein heiliges Geheimnis. Sie vollzieht sich in seltenen Gnadenstunden großer Heiliger, wenn sich der begnadete Mensch ins Abenteuer Gottes stürzt. Dann ist der Mensch so von Gott erleuchtet, dass der Wille Gottes, seine Heiligkeit, seine Weisheit und seine Größe so gewaltig und klar vor der Seele dieses Menschen steht, dass diesem seine Winzigkeit voll bewusst geworden ist. Dann kann dieser Mensch unter dem Einfluss göttlicher Gnade sich jubelnd in die Höhe göttlichen Willens stürzen, egal ob es ein Wille ist, der ihn trägt, oder schlägt. Dann kennt dieser Mensch kein anderes Sehen und Wollen mehr als „Dein Wille geschehe".

Die Harmonie zwischen Gottes Willen und dem Menschenwillen ist dann erreicht, wenn der Mensch beten kann „Dein Wille geschehe" in dem Maß, in dem wir dies fertig bringen, sind wir zur Reife, zur Kraft, Größe und Glück gekommen. Obwohl unsere Psychotherapeuten eines Tages einmal soweit kommen werden, die Seeligkranken beten zu lehren: „Dein Wille geschehe"? Dann befänden sie sich auf dem Gebiet der Seelsorge und könnten entdecken, dass kranke Seelen durch Seelsorge geheilt werden und der eigentliche Seelsorger Gott selbst durch seinen Heilswillen ist.

Unser täglich Brot gib uns heute!

Wir lesen im heiligen Buch, welches für uns Gottes Worte festgehalten hat, in jenen Kapitel, die von der fernen Urzeit des Glaubens künden. Hier wird uns erzählt, wie der Prophet Elias die Götzendiener seiner Zeit zu einem Wettstreit herausforderte, um ein Gottesurteil zu erzwingen. Die Baalsdiener drangen damals aus umliegenden Völkern in Israel ein und verführten mit ihrer Sinnlichkeit das Volk Gottes. Da griff der Prophet zu einem drastischen Mittel! Er forderte die Baalsdiener auf, sie und er wollten je einen Altar bauen und Opfer darauf schlachten. Das Feuer für das Brandopfer sollte vom Himmel kommen. Derjenige, der Feuer vom Himmel erbeten könnte, würde zum wahren Gott beten. So geschah es denn. Die Baalsdiener umschritten in Prozessionen ihren Altar mit den Opfertieren und schrien mit lauter Stimme: „Baal erhöre uns." Stundenlang schrien sie sich heiser und der Prophet Elias verspottet sie zusätzlich: „Ihr müsst lauter schreien, euer Gott ist schlafen gegangen." Wie der Abend kam, schlachtete auch Elias sein Opfertier, goss sogar noch Wasser über das Holz, das zum Brandopfer bestimmt war und betetet zu Jahwe, seinem Gott. Siehe da, Feuer fiel vom Himmel und verzehrte das Opfer Elias. Und warum erzähle ich das? Um mit dem Spott des Elias und dem Geschrei der Baalspriester aufmerksam zu machen auf etwas, was notwendig zum Gebet gehört, nämlich eine gewisse Kultur. Man braucht beim Gebet nicht zu schreien so als ob man einen Schwerhörigen oder Unachtsamen anrufen würde. Man sollte auch nicht in den Stil der Sturmandachten verfallen, als ob man Gott umstimmen müsste, oder ihm gar lästig werden könnte und ihn so doch noch zur Gewährung unserer Bitten bringen. Das heiligste Gespräch, das es gibt, das Gespräch zwischen Mensch und Gott, verlangt eine hohe Kultur. Wer die ersten Bitten des Vater Unser mit ihrem hohen Niveau andächtig gesprochen hat, der dürfte diese Gebetskultur in etwa haben, um sich dann auch an die Bitten wagen zu können, die weit schwerer, richtig zu beten sind.

Es gibt fromme Menschen, die meinen, es dem Herren und dem Gebet schuldig zu sein, dass sie die Brotbitte auf das eucharistisch Brot beziehen müssen. Das mag sehr gut gemeint sein, geht aber an der Wirklichkeit vorbei. Es kommt nicht darauf an, ob man auch so „ein Gebet formulieren könnte". Es kommt aber darauf an, was uns der Herr in diesem Augenblick aufgeben wollte. Nichts, im Texte des Evangeliums, deutet darauf hin, dass Christus vom eucharistischem Brot gesprochen hat. Auch von den Aposteln, die ihm zuhörten, wird es wohl keiner so verstanden haben. Sie dachten in diesem Augenblick bestimmt an das Brot, das gebacken, uns zur täglichen Nahrung dient. Gewiss besteht die Gefahr, eines verfeinerten Materialismus, wenn wir die Dinge des Diesseits zum Gegenstand unseres Gebetes machen. Wir erdgebundenen und selbstsüchtigen Menschen, zu anderen Seite besteht aber auch eine gewisse Chance, dass wir die Dinge heiligen und ein anderes Verhältnis zu ihm bekommen, wenn wir sie mit ins Gebet hinein nehmen, eine erhöhte Vorsicht aber wird immer am Platz sein müssen, wenn wir mit Gott im Gebet, über diese materiellen und diesseitigen Dinge sprechen. Darum sind diese Bitten anspruchsvoll und setzen eine hohe Kultur und Vorbereitung voraus.

Wir beten um das tägliche Brot. Hier könnte jemand einen Einwand machen, der je im Gebet gemacht werden kann, der aber – in unserem Fall – auf ein Wort unseres Herrn Jesus Christus zurückgeht: „Euer himmlischer Vater weiß ja, dass ihr dies alles nötig habt." Christus widerruft seine Worte nicht: Und deshalb müssen die beiden Sätze vom Wissen des himmlischen Vaters und: „so sollt ihr beten – unser täglich Brot gib uns heute", irgendwie zusammen passen.

Da standen und gingen Menschen auf einem Bahnsteig, und ein jeder von ihnen spielte seine Rolle im Drama Leben. Auch eine Mutter mit ihrem vielleicht vier- oder fünfjährigen Töchterchen war unter den Menschen. Das kleine Mädchen zog die Mutter zu einem Verkaufsstand, zeigte auf ein Stück Gebäck und sagt mit spitzem forderndem Stimmchen: „Das will ich haben." Die Mutter schaute ihrer Tochter in die Augen und wiederholte fragend: „Ich will?" Die Kleine verstand, änderte ihren Tonfall und sagte: „Bitte, Mutti."

Es ist erbaulich, weil nicht mehr alle Eltern auf diese kleinen aber wichtigen Dinge achten. Das Kind muss bitten lernen. Selbstverständlich war die Mutter bereit, dem Kind zu geben, was es brauchte, so gar mehr als bereit zu geben, was es wünschte. Aber ein Kind muss „bitten" lernen. Sonst wächst in dem kleinen Herzen etwas nicht mit, die Bescheidenheit, die Anspruchslosigkeit, die Rücksicht auf andere. Das Kind würde zum tyrannischen Menschen, mit sich und der Welt unzufrieden. Es ist eine Wohltat, eine Hilfe auf dem Weg zur Veredlung und Selbsterziehung, wenn das Kind bitten lernt. Wir alle müssen bitten lernen, vor dem himmlischen Vater. Er weiß, was wir brauchen, er ist gütig und will es uns geben, aber wir müssen bitten. Wer lange genug das Bitten vor Gott erbittet, der ist in etwa gefeit gegen das Hadern, wenn er einmal Gottes Maßnahmen nicht versteht. Wer lange genug und echt bitten gelernt hat, der ist ehrfürchtig geworden und ehrfürchtige Menschen sind immer wertvolle Menschen.

Wir beten um unser tägliches Brot und sollten uns heute, mehr denn je darum bemühen, es zu tun, weil wir in einer hochzivilisierten Zeit und technisch entwickeltem Land leben. Der primitive Mensch weiß wenig um die Gesetze um Wachstum und Fruchtbarkeit. Er weiß aus Erfahrung, das es Mächte gibt, die nicht von ihm gelenkt werden können. Wie ein Wachstum vor sich geht und woher die Störungen kommen, kann er nicht überschauen. Darum fleht er um Fruchtbarkeit und von Abwendung von Umweltkatastrophen und weiß nicht einmal genau, zu wem er da beten soll.

Wir heutigen Menschen wissen einiges mehr. Wir haben nicht nur eine Technik aufgebaut, die unser Leben bequemer macht, so dass wir nicht mehr mühsam einen Kienspan aus dem Feuer ziehen müssen, um Licht zu haben, sondern nur einen Schalter betätigen, dass wir nicht stundenlang einen Krug Wasser vom Brunnen nach Hause tragen müssen, sondern einfach den Wasserhahn öffnen, dass wir die schwere Arbeit von Maschinen leisten lassen. Wir haben darüber hinaus, durch unsere Forschung, die Gesetze des Wachstums durchleuchtet, und können, bis zu einem gewissen Grat sogar darin eingreifen; wir verändern, verbessern und düngen den Boden, so dass Ernten entstehen, die man sich früher nicht einmal im Traum ausgedacht hätte. Wir können mit raffinierten Methoden das Saatgut sortieren und nur den besten Samen der Erde anvertrauen. Wir haben neue, effektivere Arten des Konservierens geschaffen, um dem raschen Verderb länger Einhalt zu bieten. Und wenn wir heutigen Menschen das Wetter nicht bestimmen können, so haben wir uns doch im weiten Maß davon unabhängig gemacht. Wenn heute ein Frost über die Apfelblüten im Frühjahr kommt, heißt es nicht mehr zwangsläufig, dass wir im Herbst auf Äpfel verzichten müssen. Wenn heute eine Trockenheit die Ernte des Brotgetreides nur dürftig ausfallen lässt, werden wir dennoch nicht zu hungern brauchen. Wir haben doch unsere Marktleitung. Da es sehr unwahrscheinlich ist, dass solche Katastrophen die gesamte Erde befallen, können wir über einen Austausch bei Zeiten vorsorgen (zum Beispiel amerikanischer Weizen gegen russisches Öl für Amerika).

Solche Menschen denken oft nicht mehr daran, um das tägliche Brot zu beten. Wir haben zwar eine Mahnung bekommen in den Jahren, in denen wir nicht mehr gehungert haben, wir sollten nicht so starke Worte gebrauchen. Zu rasch haben wir diese Mahnung vergessen. Uns bedroht eine andere Macht. Gerade unser Fortschritt und unsere Technik haben in die Hände Einzelner ungeheure Möglichkeiten gelegt. Sie können ganze Länder zu Wüsten machen. Es braucht bei ihnen nicht einmal böser Wille zu sein. Es könnte auch durch Fahrlässigkeit geschehen. Von dort her droht uns der Hunger. Darum sollten wir noch inständiger als frühere Menschen zu dem rufen, der die Herzen der Menschen wie Wasserbecher lenkt, dass er die Herzen der Mächtigen lenke, und sie vor bösen Willen, vor Mutwillen und Fahrlässigkeit hüte, damit wir unser Brot behalten.

Wenn wir uns den Wortlaut der Brotbitte einmal näher ansehen, so bietet er uns noch so manchen Stoff zum längeren Nachdenken. Dass unser Herr Jesus Christus nicht Deutsch gesprochen hat. Es sprach selbstverständlich Aramäisch, in der Umgangssprache seines Heimatlandes. Wie genau diese Worte des ersten Vater Unser lauteten, die er die erstaunten Jünger lehrte, wissen wir nicht mehr. Es ist uns, in dieser alten Sprache, nicht aufgeschrieben und überliefert worden. Jener Apostel, der dabei gewesen ist und uns den Text festhielt, hat schon die Übersetzung ins Griechische vorgenommen. Aus dem griechischen Wortlaut entstammt der Text, über das Latein, in deutsche Sprache. Die Übersetzter ins Latein und dann in Deutsch haben sich etwas leicht gemacht, als sie schrieben: „Unser täglich Brot". Das Wort Epi, welches im griechischen Urtext steht, ist nicht ganz so einfach zu übersetzen, den es bedeutet in etwa morgig, also unser morgiges Brot gib uns heute.

Bei tieferen Nachdenken, kommt es im Grunde auf dasselbe hinaus wie „Unser tägliches Brot", was eine Tagesration ist. Aber es liegt doch eine gewisse Nuance in dem Ausdruck „morgig". Da sagen wir dem Vater Gott: Ich brauche keine Reichtümer, die mich in alle Zukunft sichern, ich brauche kein Aktienpaket, das devisensicher angelegt ist – vielleicht wäre es mir sogar schädlich, indem der Reichtum mich gierig und irdisch macht. Ich würde dann nicht mehr an die Not der anderen denken, weil ich dazu keine Zeit mehr hätte. Menschennot und Jugendprobleme wären nicht mehr diskutabel für mich. Meine Jugendlichen, die ich betreue, hätten mich verloren oder nie gekannt. Aber andererseits fürchte ich auch die Not, die Armut in ihren krassen Auswirkungen, dass mir das Brot nicht mehr schmeckt – weil die mir anvertrauten Jugendlichen (Menschen) nichts mehr zu essen haben. Auch das könne mich hindern, mit freien und friedvollem Herzen gute Gedanken (Gottesgedanken) zu denken. Darum, Herr gib mir so viel, dass es für morgen reicht. Dass wir heute unser Brot in Frieden essen können. Denn für morgen ist gesorgt und Du wirst auch weiter sorgen. Denken wir an Don Bosco, er hat das Wort „unser täglich Brot gib uns heute" in die Tat umgesetzt, indem er den Jugendlichen das geistige Brot gab, auch Brot der Liebe genannt.

Wie haben ein ungeheures Produktionstempo erreicht. Das hegt nicht nur die Firmen an, die produzieren wollen und müssen, um der Konkurrenz gewappnet zu sein. Es hat auch den Einzelnen erfasst. Man möchte sein Einkommen steigern, um besser leben und mehr erleben zu können. Ja, es kann sogar so weit kommen, dass man die Jagd nach höherem Einkommen zum Selbstzweck macht. Verdienen um des Verdienens Willen. Da kommt es wie ein Dämpfer über des Hastigen, gejagte Menschen von heute, wenn er um das tägliche oder morgige „Brot" beten soll. Wenn er im Gebet wieder daran erinnert wird, das Brot, sein Anliegen ist – das Auskommen das Notwendige. Da könne ein andächtiger Anbeter die Entdeckung machen, dass es ihm ja reicht und die vielen Unruhen oder Neid im Leben gar nicht sein müssten. Dann wäre ein Vater Unser gereift und klüger geworden.

Mit großer Dankbarkeit sollten wir sprechen, wenn wir sagen: Unser täglich Brot gib uns heute. Aus der Überlegung heraus, dass es keineswegs selbstverständlich ist, dass wir jeden Tag satt werden. Die Mehrzahl der Menschen wird nicht satt oder sieht auch nicht so aus, als ob man das in den nächsten Jahren ändern könnte. Die Völker wachsen in einem Tempo, dass die großen Lenker der internationalen Wirtschaft sich schwere Gedanken machen, wie und ob man überhaupt das Produktionstempo im selben Maße steigern kann. Wir aber wohnen in einem Land, in dem noch kaum Überschuss produziert wird (ist das wirklich dankenswert?), Gott könne auch einmal die Rollen vertauschen.

Dieser Dankbarkeit wegen betonen wir das Wort „unser". Unser tägliches Brot. Wir sprechen diese Bitte auch im Namen all unserer Brüder und Schwestern der anderen Erdteile. Ob diese nun um den Geber des Brotes, um den Vater im Himmel wissen oder nicht. Wenn vorhin von den Gefahren übersteigerter Produktion die Rede war, soll dies nicht heißen, dass wir unbedingt weniger arbeiten sollten, dass wir nicht weiter nach Fortschritt streben sollen, um die Produktionsziffern zu steigern. Aber wir sollten dies nicht zur Genusssteigerung machen, nicht zur Anhäufung von Reichtum, sondern für unsere Menschen – Brüder.

Inmitten von gewaltigen Leistungen bescheiden leben, damit auch die anderen satt werden und menschlich leben können.

So könnte eine bändigende Wirkung vom Vater Unser, und seiner Brotbitte ausgehen. Man kann nicht aufrichtig beten: Unser tägliches Brot gib uns heute, und dann so schlemmen, dass man eine Entfettungskur machen muss. Man kann nicht andächtig um das bisschen Brot bitten und dann gierig und unzufrieden sein, obwohl man „satt" zu essen hat. Entweder man betet nicht richtig, dann ist so ein Leben erklärlich, oder man betet andächtig, dann kann man Gott nicht lästern, indem das Leben den Worten widerspricht. Das wäre auch eine Therapie für eine erkrankte, überreizt gewordenen Menschheit, das Vater Unser zu propagieren und den Menschen beizubringen, andächtig zu sagen: Unser täglich Brot gib uns heute, wobei man ruhig übersetzen kann, das Brot der Liebe, an uns von Gott gegeben.

Vergib uns unsere Schuld

Jedenfalls könnte sich ein Geschäftsmann sich das nicht leisten, nämlich ein Bau ohne vernünftigen und genauen Finanzierungsplan zu beginnen. Sogar das Risiko gesteigerter Preise muss einkalkuliert werden. Denn sollte ihm das Geld ausgehen, bevor der Bau fertig ist, wäre das nicht nur eine teure Angelegenheit, er hätte auch zugleich das Vertrauen seiner Kundschaft verloren. Er stände da wie einer, der sich auf Abenteuer einlässt, nicht wie ein nüchterner Rechner. Sein Kredit wäre so ziemlich geschwunden.

Auch der Herr spricht gelegentlich von so einem Typen, der einen Turn bauen will, ohne die Kosten vorher zu berechnen. Er will sich damit nicht in das Wirtschaftsgeschehen einmischen, sondern dem Menschen zeigen, der sein Tun nicht überlegt. Wer meint, der Satz „Vergib uns unsere Schuld" sei ein praktisches und verhältnismäßig einfaches Gebet, der gehört zu jenen, die keine Übersicht beweisen. Es folgt nämlich ein, menschlich gesprochen, schwieriger Satz, welcher mitgebetet werden muss. Wie auch wir vergeben unserem Schuldnern. Um den ersten Teil richtig beten zu können, müssen wir mit diesem Nachsatz beginnen.

Es gäbe eine katastrophale Unordnung, wenn wir vom gläubigen Christ verlangen wollten, er müsse sein ausgeliehenes Geld verschenken, oder auf den vorenthaltenen Lohn verzichten. Er darf ihn sogar, mit gewissen Einschränkungen, einklagen. Auch den Widerruf bei Verleumdung, und die Wiedergutmachung bei Ehrabschneidung, darf er fordern (manchmal muss er es sogar), sonst fördert er den Leichtsinn des anderen. Denn wenn wir ehrlich gegen uns selbst sind, müssen wir bekennen, dass wir oft (über-) vorschnell mit Worten sind, die wir, später betrachtet, lieber nicht gesagt hätten. Es gibt Dinge, die wir nicht verstehen, weil wir sie nicht tun würden oder auch nicht daran gedacht haben, etwas ähnliches zu machen, mit unseren Worten jedoch Dinge sagen, die die Arbeit und das Schaffen des anderen durch unser unüberlegtes Reden in Misskredit bringen oder es sogar zerstören können. Hier kommt es auf die Standfestigkeit und des Gottesglauben des so Geschädigten an. Wir müssen auch solche Rufmörder und alle übrigen als Geschöpfe Gottes, und Brüder in Christus weiter lieben. Wir dürfen nicht hassen (niemanden!), wir dürfen keinem Böses wünschen oder Unrecht mit Unrecht vergelten, wir dürfen keinen aus unserem Fürbittengebet streichen. Es ist ein Unterschied zwischen einer persönlichen Stellungnahme und der objektiven Ordnung, die bleiben muss und auf deren Ausübung wir drängen dürfen – vielleicht sogar müssen.

Wenn wir dem anderen wirklich und wahrhaftig gut sind, dann werden wir zwar Unrecht nicht Treue nennen, Schulden nicht einfach streichen, keine finanziellen und moralischen Verpflichtungen leugnen, aber wir lassen keinen giftigen Groll aufkommen. Der Liebenden in Christus sieht auch jene Grenze, wo das Abtragen der Schuld schwer oder unmöglich wird. Dann ist er längst mit dem guten Willen zufrieden und sagt erledigt.

Das ist eher auf moralischem Gebiet möglich. Ein Unrecht kann kaum wieder wirklich ganz gut gemacht werden. Hier setzt beim Liebenden das Verzeihen ein, er sagt: „Wir sind Freunde, aber tue dein Möglichstes". Mehr will und darf er nicht erwarten. Sollte der andere diesen guten Willen nicht aufbringen, bleibt dem Liebenden nur zu sagen: „Ich bin Dir weiter gut. Dein Unrecht kann ich Dir leider nicht von den Schultern nehmen – möge Gott dir gnädig sein." Es gibt Menschen, die verstehen eine solche Liebe, die bis zur Selbstaufgabe gehen kann, nicht. Sie können sie nicht nachvollziehen. Vielleicht auch, weil sie nicht fest im Glauben verankert sind. Oder weil sie sich im Umgang mit Mitmenschen keine weiteren Gedanken darüber machen. Für sie bedeutet Nachgeben und immerwährendes verzeihen, Gutmütigkeit und Dummheit. Diese Menschen kann und muss man belehren. Gutmütigkeit kann nie Dummheit, sondern immer nur Erhabenheit der Seele sein.

Ob wir immer wieder verzeihen können? Wir müssen es, mit Gottes Hilfe immer wieder wollen. Wie könnten wir sonst Beten: Wie auch wir vergeben unseren Schuldigern? Bei diesem Satz wird der andächtig Betende vielleicht stoppen müssen und noch einmal anfangen, weil er ohne die verzeihende Liebe zu Mitmenschen, zu Gott um Vergebung gebetet hat. Dieses „Wie auch wir" ist für manchen sicher das schwerste Wort im Vater Unser. Wir legen vor Gott ein Versprechen ab, wir stellen fest, dass wir in diesem Augenblick Verzeihende sind. Haben wir es da gewagt, ohne dieses Verzeihen zu Gott um Vergebung zu rufen? Dann hätten wir allerdings den Turm gebaut oder zu bauen versucht, ohne die Kosten zu berechnen.

Indem Christus uns die Bitte um Vergebung so vorgesprochen hat, wollte er uns das Bild seines Vaters und das Bild der Gotteskinder zeichnen. Gott ist ein Liebender, der um Verzeihung angesprochen werden kann. Gott hasst keines seiner Geschöpfe. „Wie auch wir vergeben – ausnahms- und bedingungslos. Diese Forderung ist nur möglich, weil sie in Gott schon verwirklicht ist. Es kann allerdings sein, dass auch der liebende Gott nicht leugnen kann, dass ein Mensch schuldig ist, weil der seine Schuld nicht anerkennt oder nicht abtragen will.

Der Beter braucht den lieben Gott nicht umzustimmen. Gott hat, soweit es auf seiner Seite liegt, verziehen. Aber der Mensch lässt sich mit dieser verzeihender Liebe beschenken, indem er seine Schuld anerkennt und seinen guten Willen bekundet, sich dieser Verzeihung nicht zu entziehen. So wird in der Schuldbitte das Gottesbild ganz rein und erhaben, und der strafende Gott hat nichts mehr an sich vom kleinen, menschlichen Zorn. Seine unendliche Liebe bleibt ungeschmälert.

Auf den Beter selbst, auf den Menschen, fällt durch die Schuldbitte ein deutliches Licht. Er hat es nötig, um Vergebung zu bitten. Er kann nicht einfach sagen: „Herr ich bezahle meine Schuld, ich mache gut, was ich an Unrecht getan habe – dann sind wir quitt." Wer vor Gott verschuldet ist (wer ist das nicht), kann, von sich aus, nicht mehr „restlos" gutmachen. Er ist auf Vergebung angewiesen und kann nur feststellen, dass es eine Vergebung gibt.

So ist die Reihenfolge dann wieder richtig. Wir bitten um Vergebung, und während wir bitten, wird unser Staunen groß, dass Gott ein verzeihender ist, und bestürzt – durch die Entdeckung, wie sehr wir selbst der Verzeihung bedürfen. Jetzt können wir nicht mehr anders, als Gott nachzuahmen, und den Mitmenschen vom Herzen zu verzeihen – in dem wir es tun, wird unser Herz weit offen für das göttliche Verzeihen.

Vergebung der Schuld

An einem heißen Sommertag lag ein Wandersmann am Rande eines Waldes und ließ sich in der Sonne behaglich braten. Nur der Kopf lag im Schatten, auf einem moosigen Stein. Wie die Sonne am Himmel wanderte, wurde auch der Schattenstreifen immer schmaler und der Wanderer musste ein wenig weiter rücken, wenn ihm nicht die Sonne in die Augen scheinen sollte. Auch sein Kopfkissen, der bemooste Stein, sollte mit weiter rücken. So hob er ihn mit viel Mühe hoch, ließ ihn aber sofort wieder fallen. Unter dem Stein war der Boden feucht – Würmer, Käfer und anderes ekliges Getier krabbelte dort herum. Später erzählte er: „Seitdem konnte ich meinen Kopf nicht mehr so einfach auf einen Stein stützen. Ich musste ihn erst aufheben und nachsehen, ob nichts Ekliges darunter war."

So etwas ähnliches haben wir vielleicht alle schon hier und dort an unseren Mitmenschen erlebt. Wir haben ihnen großes Vertrauen geschenkt, haben vielleicht voller Hochachtung zu ihnen aufgeschaut und mussten gelegentlich entdecken, dass unter dem feinen Äußeren andere Dinge verborgen waren, Neid, Misstrauen, Unaufrichtigkeit oder was es sonst sein sollte. Wir sind enttäuscht. Wenn die Enttäuschung sehr groß ist, kommen wir vielleicht lange Zeit nicht darüber hinweg. Oder auch, andere schenken uns großes Vertrauen, wir aber denken: Wenn der andere alles wüsste, meine tiefsten Gedanken (die nie ausgesprochen werden), meine Taten – mit seiner Achtung wäre es vorbei. Ein Dichter (ich denke es war J. Rousseau) hat hierzu einmal geschrieben: „Wer mich liebt, der kennt mich nicht. Wer mich kennt, muss mich verachten."

Es gibt nur ganz wenige, ganz vornehm gesinnte Menschen, mit einer großen Güte, mit einem großen Verständnis, die die Fehler und Schwächen ihrer Mitmenschen sehen können. Sie erleben Enttäuschung und verachten dennoch niemanden. Zu solch seltenen Menschen hat man Vertrauen, denen könnte man alles sagen. Solche Größe ist ein Abbild Gottes. „Vergib uns unsere Schuld." So sollen und dürfen wir beten, Gott kennt uns bis in die verborgenen Tiefen. Er sieht uns, wie wir wirklich sind, unsere feigen Stunden, unsere eifersüchtigen Regungen, das Dunkle an Hass und Falschheit, alles was wir vor anderen und vor uns selbst verbergen sollen.

Gott weiß es alles – und doch liebt er uns weiter. Er kann es sehen – ohne uns dafür zu hassen. Er kennt uns, ohne uns zu verachten. Vor ihm können und brauchen wir uns nicht zu verstellen, zu verstecken. Nur ehrlichen Willen müssen wir haben und aufrichtig sein: „Vergib uns unsere Schuld." Dann will er Vater bleiben und wir dürfen uns weiter seine Kinder nennen. Grund genug, dass wir uns hinein beten in den Sinn dieser tröstlichen Bitte des Vater Unsers.

Zunächst eine wichtige Feststellung. Wir tragen Schuld. Gott hat es gesagt. Wir sollen ja alle beten „Vergib uns unsere Schuld". Von manchen Seiten läuft man Sturm gegen das Sündenbewusstsein, man leugnet sogar die Sünde. Der Kirche wird der Vorwurf gemacht, sie habe den freien, reinen und stolzen Menschen durch die Predigt von der Sünde bestraft. Das sind kümmerliche Versuche, die Wahrheit zu verschleiern.

Sicher, es gibt bedauerliche Dinge, an denen wir keine persönliche Schuld tragen. Dass über unserem ganzen Geschlecht das Verhängnis der Erbschuld liegt, dafür können wir alle nichts. Dass der eine leidenschaftlicher ist als der andere, ist nicht seine Schuld. Und dass der eine gefährdeter ist als der andere, ist oft auch nicht seine Schuld. Hin und wieder wird uns manches auch persönlich vorgeworfen, wofür man sich einsetzt. Stärker als andere, die dieses Engagement nicht verstehen können oder wollen. Sie bringen den anderen und seine Arbeit in Misskredit – doch für dieses falsche Denken kann dieser nichts. Gott weiß, dass es so ist. Dennoch bleibt es bestehen. Wir alle haben Schuld. Gott hat es gesagt.

Wer dem Menschen das Schuldgefühl nimmt, leistet ihm einen schlechten Dienst. Wenn bestimmte Nerven gelähmt sind, kann der Mensch kein psychischen Schmerzen mehr wahrnehmen. Das mag für den Augenblick vorteilhaft sein, aber wehe, wenn es anhält. Dann kommt der Mensch in größte Gefahr – und spürt es nicht, er kann sich verbrennen, und spürt es nicht. Eine ernste Erkrankung beginnt. Und weil er den warnenden Schmerz nicht spürt, stirbt er.

Menschen ohne Sündenbewusstsein, sind wie Menschen ohne Schmerzen. Sie werden nicht gewarnt, bis sie seelisch vergiftet sind. Sie können nicht geheilt und nicht gebessert werden, bis die Schuld letztlich untilgbar geworden ist.

Sobald wir etwas als Schuld spüren und anerkennen, haben wir schon den ersten Schritt zur Heimkehr getan, haben uns aufgelehnt gegen die Freundschaft mit der Sünde. Wenn es uns gewöhnlichen Sterblichen schon nicht gegönnt ist, ganz unberührt von Schuld und Sünde durchs Leben zu gehen, dann wollen wir wenigstens unsere Schuld auch spüren, uns wehren und uns mit gutem Willen nach einem reinen Gewissen sehnen. Wenn wir schon nicht schuldlos wie Christus vor dem Gericht stehen können, dann wollen wir doch lieber dem ruhigen Petrus als dem verstockten Judas gleichen.

Wir alle tragen Schuld und sollten sie auch anerkennen. Ob du gelogen hast, weiß ich nicht – es wäre eine Schuld, aber nicht die tiefste. Ob du einen anderen betrogen oder geflucht hast, weiß ich nicht – es sind Bürden, aber nicht die tiefste Schuld. Selbst, wenn du den Glauben aus Feigheit verleugnest oder die Ehe brichst – es sind schwere Sünden, aber nicht die tiefste Schuld. Die Schuld, die uns alle trifft, auch die scheinbar braven und Selbstzufriedenen (die vielleicht am meisten) ist die, dass wir den Vater im Himmel so wenig lieben, dass wir seinen Sohn, unseren Heiland, so wenig dankbar sind, das ist unsere größte Schuld.

Diese Schuld ist oft ganz anders verteilt, als die Menschen meinen. Da ist ein Mensch von der Sünde wie mit Ketten gefesselt. Eine ungeordnete Liebe, der Zwang der Sinnigkeit, maßloser Hass oder was es sonst sein mag. Er fällt tief und oft. Aber auch die Reue packt ihn immer wieder. Er leidet unter der Schuld. Immer wieder steht er auf, weil er Gott nicht verlieren will. Immer wieder bringt er das demütige Bekenntnis seine Schwäche fertig. Er staunt, dass Gott ihm noch immer verzeiht, und er klammert sich an Gott, um doch ja nicht von ihm zu lassen und zu verzweifeln. Den drückt auch die Schuld, dass er Gott den Vater nicht über alles liebt, dass er seinem Heiland nicht die Treue hält, aber er hat doch wenigstens viel Liebe, wenn auch noch nicht genug.

Da leben neben ihm Menschen, gut erzogen, gesund veranlagt, an stillen Posten. Sie sündigen nie schwer. Sie sagen eine kleine Lüge oder haben unandächtig gebetet: Dass sie manches liebloses Wort gesagt haben, merken sie gar nicht. Nein, sie haben keine schwere Sünde getan. Aber vielleicht fehlt ihnen doch die Liebe, viel Liebe. Was könnten und müssten sie danken – ohne Ende, dass sie so unbehelligt den Weg zu Gott gehen dürfen, dass ihnen die Not mancher Brüder und

Schwestern erspart geblieben ist. Sie denken nicht daran. Wie könnten und müssten sie Gott zur großen Sorge ihres Lebens machen, müssten sich um hohe Tugenden bemühen, ihr Tagwerk heiligen. Sie denken nicht daran. Sie haben nie schwer kämpfen müssen. Sie haben sich überhaupt noch nie für Gott angestrengt und noch nie das ganz Große versucht, Gott über alles zu lieben. Das ist ihre große Schuld. Zehn so genannt Gerechte würde ich nicht gegen einen Menschen eintauschen wollen, der in seiner Jugend immer nur die Schattenseiten des Lebens kennenlernte, der immer nur im Elend der Menschheit stand, ungeliebt und unverstanden, ein Außenseiter der Gesellschaft – der sich dann mit eigener Kraft vielleicht unter Mithilfe gottesfürchtiger Menschen, aus diesen unheilvollen Sog herauswindet, eine Familie gründet und mit ihr ein gottesfürchtiges Leben lebt. Er kam aus dem Schmutz zur Reinheit. Sie aber haben den Schmutz nie kennen gelernt, höchstens in Zeitungen darüber gelesen, oder im Film gesehen, er hat den Kampf gewagt und gewonnen. Die anderen würden vielleicht daran zu Grunde gehen oder ihn, den Schritt, erst gar nicht wagen. Doch dazu müssen Menschen da sein, die ihn auffangen und ihn auf dem Weg zu Gott begleiten.

Als die Sünderin Maria Magdalena in ihrer Reue die höhnischen und giftigen Blicke der Leute nicht achtete und demütig zu Füßen Jesu Christus kniete, da hat der Herr erklärt: „Ihr wird viel vergeben, weil sie viel geliebt hat." Dem Pharisäer, der peinlich genau die Gebote beachtete, der gar nicht so schwer zu kämpfen brauchte, weil er ja alles zum Leben hatte, der hoch geehrt wurde um des Ansehens seiner Herkunft oder seines tadellosen Wandels wegen, wird vom Herrn ein Tadel erteilt, denn er hatte wenig Liebe. Ihm war sein guter Ruf, sein geordneter Haushalt das Wichtigste – nicht Gott. Wer viel liebt, wird auch viel sündigen.

Wir haben das Evangelium von der Vatersorge Gottes und sorgen, zweifeln und verzweifeln so oft. Wir haben das Bild des Gekreuzigten unter uns, und stöhnen und murren im Kreuze, als ob es sinnlos und unnütz wäre. Wir feiern das göttliche Geheimnis in unseren Kirchen, und jedes Vergnügen ist uns wichtiger. Wir wissen, dass wir Kinder des himmlischen Vaters sind und geben uns keine Mühe, vollkommen zu werden. Das ist unsere eigentliche, unsere tiefe Schuld. Keiner weiß, ob er diese Schuld mehr oder weniger hat als sein sündiger Nachbar. Grund genug für alle zu beten. „Vergib uns unsere Schuld."

Wohlgemerkt, es heißt nicht: „Meine Schuld", sondern unsere Schuld! Dass wir für alle ums tägliche Brot beten, das lässt sich doch hören – aber um Verzeihung für „unsere Schuld"? Und doch hat der Herr es so angeordnet. Warum?

Es gibt keine Schuld, die nur meine Schuld oder die Schuld des anderen wäre. Es ist auch jede Schuld auch immer ein wenig „unsere" Schuld. Dein Leichtsinn hat ja auch den anderen in seinem Leichtsinn bestärkt. Dein Jammern hat auch dem anderen etwas vom Vertrauen genommen. Dein Zorn nahm auch etwas von der Liebe des anderen. Und deine Stille, geheime Sünder, hat das Gnadenmaß der Christenheit um ein Grat vermindert, so gut die Tugenden der Heiligen unser aller Gnaden vermehrt hat. Dass wir unser Unrecht an Mitmenschen, den Seelenschaden, den wir angerichtet haben, wieder ein wenig ersetzen, deshalb sollen wir beten „vergib uns unsere Schuld", vergib die meine und die des anderen, die ja auch zum Teil auf mein Konto zu setzen ist. Wenn wir heute unsere Jugend nicht mehr verstehen und ihr Handeln nicht gutheißen können, müssen wir bei all ihrem versagen die Schuld an aller erster Stelle bei uns suchen. Denn irgendwo haben wir versagt, als es darum ging, für junge Menschen

Vorbild zu sein. Für sie einfach da zu sein, wenn sie uns rufen, wenn sie Hilfe brauchen, wenn sie einsam sind, hilflos und verlassen. Wo waren wir, was haben wir für sie getan? Hören wir nicht immer wieder „wir haben doch alles für sie getan, ihnen jeden Wunsch von den Augen abgelesen."

Hier liegt unser falsches Denken, denn wir haben ihnen nicht die Zeit geopfert, die nötig gewesen wäre, ihnen Halt und Sicherheit zu geben. Wir haben nie daran gedacht, ihnen erst zu vergeben.

Mit einer gewissen Vorsicht sagt Christus das Wort „vergib" zu erst, spricht von der Vergebung, dann erst von Schuld. Was wir Menschen nie ganz sicher und genau sagen könnten, bei allem Vertrauen in Gottes Vatergüte, das hat Christus uns gesagt. Was wir Menschen nie verlangen oder fordern könnten, selbst bei tiefster Reue nicht, das hat Christus uns gesagt: Es gibt eine Vergebung der Sünden – und Verzeihung.

Wenn die schuld des Sohnes oder der Tochter einmal einen ganz großen Wert erreicht hat, dann mag es vorkommen, dass selbst gute Eltern sich hinreißen lassen und sagen: „Komme mir nicht mehr unter die Augen." Vielleicht legt sich mit der Zeit der Schmerz, aber sie fühlen, sie könnten in diesem Moment den Anblick des Undankbaren nicht mehr ertragen und alle Empörung würde wach werden. Darum sagen sie, komme mir nicht mehr unter die Augen. Es wird aber nie geschehen, solange Menschen über die Erde gehen, dass unser himmlischer Vater einem gefallenen Menschen, einem mit schier unendlicher Schuld beladener Sünder sagt: „Komme mir nicht mehr unter die Augen." Im Gegenteil. Er hat allen, ohne Unterschied, zur Pflicht gemacht, mit ihren Sünden zu ihm zu kommen und vertrauensvoll zu beten: „Vater vergib."

Es öffnet sich eine Schau in das Wesen des unsichtbaren Gottes: Es hat noch kein Mensch sie Summe aller Sünden zusammen gezählt. Und es ist auch gut so. Das Ergebnis wäre entsetzlich. Keiner ahnt auch nur, wie die Schuld angehäuft wurde und bis zum Ende der Zeiten noch angehäuft werden wird – von Fremden, die den Vater nicht kennen und von seinen Kindern, die ihn kennen müssten. Gott kennt die Sünden der Vergangenheit und ermisst die Schuld der Zukunft. Aber alle Schuld, die Vergangenen und die kommende Schuld, wird nie so groß sein wie die Liebe des Vaters. Sie kann überhaupt nicht so groß werden, dass Gott sie nicht mehr verzeihen könnte, wenn wir Menschen nur beten: „Vergib uns unsere Schuld."

Und verhindere,
dass wir in Versuchung geführt werden

Die Heilige Schrift ist nicht nur Literatur – eine Kulturschöpfung des Menschen. Sie ist ein Geschenk Gottes. Das hindert nicht, dass sich Gott für dieses Geschenk menschlicher Schreiber bediente, die ihre Hand und ihr Herz dafür zur Verfügung stellen mussten. Über diese Menschen sind einzelne Teile der Heiligen Schrift auch sprachlich geworden, so dass sie zur Weltliteratur gehören und an Schönheit auch den besten Meisterwerken nicht nachstehen. Das Buch Iob (Hiob) ist sowohl ein Stück Offenbarung Gottes als auch ein Kunstwerk eines Dichters. Hierin wurde das uralte Vorurteil der Menschen überwunden, das Leid sei entweder eine üble Laune eines verärgerten Gottes, oder die Strafe für einen schuldig gewordenen Menschen. Das Buch steht noch nicht einmal auf der Höhe des Neuen Testaments. Das Kreuz auf Golgatha stand noch nicht, aber das Leid etwas anderes als Strafe sein kann, musste Iob, der Dulder erleben. Für ihn wurde das Leid zur Prüfung, aus der er bewährt und geläutert hervorging.

Man könnte statt Prüfung auch Versuchung sagen. Zwischen dem, was unser Herr nach seinem 40-tägigem Fasten in der Wüste erlebte, und dem Schicksal des Iob ist insofern ein Unterschied, als die Gestalten anders sind, ein Mensch und der Gott Mensch – einer der versagen konnte und einer, der nicht fallen konnte. Doch Versuchung war beides.

Vor Menschen, die den geduldigen Iob kannten, sprach der Herr die Bitte: „Und verhindere, dass wir in Versuchung geführt werden." Unnötig zu sagen, dass Gott den Menschen nicht versuchen will, weil er den Sündenfall will. In diesem Sinne aber versucht es Satan. Dramatisch wird im Buch Iob geschildert, wie Satan sich vor dem Angesicht Gottes erdreistet: Wenn er freie Hand über Iob bekäme, dann würde er ihn schon gegen Gott aufbringen. Und Gott gibt ihm freie Hand. Damit zeichnen beide verantwortlich das Schicksal des Iob. Satan will dessen Fall – Gott will seine Bewährung.

Solche Erwägungen geben von vornherein unserer Vertrauensbitte einen erträglichen Sinn. Es kann sich nur um Zulassungen Gottes handeln, die den Menschen nützen und ihn vorwärts bringen soll – aber wegen der Schwäche des Menschen gleichzeitig eine Versuchung ist, die sich zum Bösen wenden kann. Ein gewisses Dunkel bleibt, vor allem, wenn wir die Bitte von der Versuchung mit dem Anfang des Jakobusbriefes vergleichen. Hier lesen wir: „Erachtet es für lauter Freude, meine Brüder, wenn ihr in mancherlei Versuchung geratet. Wisset, dass die Prüfung eures Glaubens Geduld bewirkt: Die Geduld aber soll ein Werk vollenden, damit ihr vollkommen werdet und untadelhaft in keiner Beziehung versagt."

Gehen wir einmal vom Gegenteil aus – ein Mensch würde sich so sicher fühlen, dass er zu beten wagte: „Lass zu, dass ich in Versuchung geführt werde, mache eine Probe mit mir." Das wäre sicher ein erschreckendes Maas an Überheblichkeit. Dass keiner es wage und auch der Heiligste sich bewusst bleibe, dass er ein Mensch ist und ohne Gnade fallen muss – tut uns die Bitte not, lass nicht zu, dass ich in Versuchung geführt werde. Prüfung muss sein, Versuchung kann Gnade sein – und doch: „Verhindere, dass ich in Versuchung geführt werde. Vielleicht suchen wir die Lösung dort, wo die Heiligen Weisheit geholt haben, unter dem Kreuz.

Was haben wir Christen doch für einen entsetzlichen Glauben. Wir lehren und halten fest für wahr, dass der Sohn

Gottes, in seiner Güte, in Menschengestalt auf Erden weilte, und dass sich die Menschen, in Verblendung und Hass, an Gottes Menschen vergriffen, und ihn am Kreuz hinrichteten. Ein so furchtbares Unglück, ein so schauderhaftes Unrecht. Eine größere Rohheit und Verblendung kann es doch wirklich nicht mehr geben. Aber, was haben wir Christen für einen schönen und trostreichen Glauben. Der Gekreuzigte hat das Gericht der Menschen über sich ergehen lassen. Sich den Händen der Sünder ausgeliefert, sich geißeln, annageln und mit einer Lanze durchbohren lassen – Ströme helfender Gnade, und Verzeihung aller Menschensünden, um uns allen ewiges Leben und ewiges Glück zu verdienen und zu schenken. Eine größere Liebe kann es nicht geben, mehr Güte kann keiner schenken, glücklicher kann keiner machen als der verzeihende und begnadende Heiland.

Was für ein unergründliches Geheimnis ist doch Gott der Vater. Musste er, der gütig war und uns Menschen verzeihen wollte, diesen blutigen Weg, das Kreuz seines geliebten Sohnes wählen, musste erst die Freveltat geschehen, vor der sich die Sonne verdunkelte, bevor alle Sünden vergeben werden? – Gottes Gedanken sind nicht unsere Gedanken.

Wir sollten uns nicht an das Kreuz gewöhnen. Wir sollten durch das Kreuz aufgerüttelt und aufgeschreckt werden. Nur wer erschauert, wie weit die Sünde der Menschen gehen kann, nur wer erschüttert wird von so viel Liebe und Leid, wer stumm das Geheimnis Gottes anbetet, der versteht ein kleinwenig vom Kreuz Jesu Christi. Wer vor dem Kreuz kniet, muss eigentlich sprachlos sein, und nichts mehr zusagen wissen. Weil wir Menschen aber selbst vor dem Kreuz nichts mehr sagen können, versuchen wir fremde Worte zu gebrauchen – die heiligen Worte, die uns Jesus Christus vorgebetet hat, das Vater Unser können wir auch noch zu Füßen des Kreuzes sprechen. Dort beten wir: „Und verhindere, dass wir in Versuchung geführt werden, sondern erlöse uns von dem Übel."

„Und lass nicht zu, dass wir in Versuchung geführt werden." Gott versucht den Menschen nicht, wie sein Widersacher der Teufel, der zur Sünde lockt und zur Sünde treibt. Aber Gott, in seiner unerforschlichen Weisheit, kann den Menschen auf Wege führen, auf denen diesem die Versuchung begegnet. Diese kann den Menschen dann zum Untergang, zur Sünde werden. Gott will das nicht. Auch weil er den Menschen liebt. Er wünscht, dass der Mensch siegreich aus der Begegnung mit der Versuchung hervorgeht – das ist es, was Gott will, wenn er den Menschen Wege führt, auf denen dieser der Versuchung begegnet.

Da steht im Evangelium, welches uns von der Kreuzigung Jesu Christi erzählt, ein kleiner Satz, der leicht überhört (überlesen) wird, dort heißt es: „Vorübergehende schüttelten den Kopf." Gottes weise und gütige Vorsehung hat diese Menschen zu jener Stunde nach Golgatha, an das Kreuz des Heilands geführt. Dass sie sehen dürften (von dem wir nur lesen oder hören), wie der Heiland die Welt in büßender, sühnender Liebe zu den Menschen starb. Was hätte das für eine Gnadenstunde für diese Menschen um das Kreuz Jesus herum werden können. Aber diese Menschen waren nicht fromm und gläubig genug, dies zu erkennen. Sie dachten nicht daran und glaubten nicht, dass Gottes Wege für uns Menschen oft unverständlich sind – dass wir Menschen das Göttliche nicht immer begreifen können. Und so sind sie irre geworden. Auch die, die Jesu Wundertaten miterleben durften, die Jesu heilte und speiste, die seine Predigten und Gleichnisse mit eigenen Ohren vernommen hatten, die ihn einst begeistert zum König der Juden krönen wollten, wurden irre, als sie ihn in Not, Tod und Verachtung am Kreuz sahen. Sie schüttelten ungläubig den Kopf. Was ihre große Gnadenstunde hätte sein können und wollen, das wurde ihnen zur großen Versuchung und zur Schuld.

Auf Golgatha bei Jerusalem steht längst kein Kreuz mehr. Dafür geht aber die Kirche Christi den Kreuzweg ihres Meisters. Sie wird verleugnet, verleumdet, gehasst am liebsten würde man sie töten. Junge Menschen, die zu Hause selbstverständlich in ihrem Glauben lebten, kommen hinaus, hören zum ersten Mal den Spott der anderen, merken zum ersten Mal, wie viel Mut dazu gehören kann, bei der Verlachten und gehassten Kirche Christi zu stehen. Es sollte ihre große Gnadenstunde werden. Dort sollte ihr Glaube zum Heldentum reifen. Sie aber haben nicht genug Frömmigkeit und Glaube, um still nachzudenken. Sie sehen die gekreuzigte Kirche, schütteln den Kopf und zweifeln, spotten und verleugnen feige. Was ihre Gnadenstunde sein sollte, ist ihnen zur Versuchung und schuld geworden. Dass sie doch gebetet hätten: „Lass nicht zu, dass wir in Versuchung geführt werden." Herr, gib mir so viel Erleuchtung, gib mir so viel Glaube, dass deine Gnadenführung mir nicht zur Versuchung werde. Und lass nicht zu, dass die Kirche in Zukunft zu feige ist, gewisse Dinge wie Missbrauch in die Öffentlichkeit zu bringen. Lass mutige Menschen bereit sein, für die Wahrheit einzustehen, ohne Wenn und Aber.

Christus wird nicht mehr auf Golgatha getötet. Aber er tritt in dein Leben und fordert dich auf, seinen Leidensweg nachzugehen, weil der Kreuzweg ein heiliger Weg ist. Er hat dich in eine Zeit gestellt, in der Wissende und Hellsichtige Menschen vieles an Unrecht sehen müssen – fast so viel wie auf Golgatha. In eine Zeit hat er dich gestellt, in der so oft die Bosheit und Gewalt, die Gemeinheit und die Lüge triumphieren – fast wie auf Golgatha. In eine Zeit, in der Gott ohnmächtig zu sein scheint und die Seinen (scheinbar) nicht schützt – genau wie auf Golgatha.

Das sollst du alles mit ansehen und dennoch an Gott nicht irre werden. Sollst weiter an die Lieber des ewigen Vaters, an seine weise Gerechtigkeit glauben. Du sollst deinen Teil am Leid der Zeit spüren und tragen, vielleicht sogar als Lohn deines Betens und deiner Treue zur Kirche. Du hast mehr als andere gebetet, und dein Sohn, dein Mann kam nicht wieder. Du hast dich reiner gehalten als andere, und den du liebtest, der blieb draußen – oder du warst zu rein und zu fein und keiner wurde aufmerksam. Du hast versucht offen und ehrlich zu sein, doch man glaubte dir nicht, weil man sich nicht irren wollte. *Man sah dich doch vorher schon als Kriminellen. Man will nicht zugeben, dass man sich geirrt hat. Wie würde man dann vor den Freunden und Nachbarn dastehen? Wie würde man dastehen, wenn man über einen Menschen sagen würde, er ist homosexuell, und es stellte sich heraus, dass es eine Verleumdung ist.* Das alles kann über dich kommen, die schwere Zeit mit ihren Rätseln, dein eigenes Leid in seiner bedrückenden Schwere – damit du tiefst geläutert werdest, dass dein Gottesliebe ganz selbstlos werde, dass dein Glaube unüberwindlich stark werde, dass die Gnade in deine Seele reich werde, zu deiner ewigen Vollendung.

Es sollte deine große Lebensaufgabe und Lebensgnade sein. Aber vielleicht bist du nicht fromm genug, um dies zu merken, glaubst nicht ernst genug, um immer den Wink Gottes zu spüren. Dann wird dir die Gnade, die Gottesaufgabe zur Versuchung und vielleicht zur Schuld. Du schüttelst das Haupt, du beginnst wider Gott zu murren, du klagst Gott an: Das Beten habe keinen Wert und die Guten seien die Dummen, die Reinen seien die Reingefallenen und die aufrichtigen kämen zu nichts. Wir sehen nur den weltlichen, äußeren Glanz des Menschen – kennen aber nicht den Willen Gottes. Dass du doch oft beten mögest, Herr, verhindere, dass ich in Versuchung geführt werde, hilf, dass ich deine väterliche Absichten an mir erfüllen, dass mir alle Wege, die du mich führst zum Heile werden, dass ich dem Leid der Zeit um meines Lebens gewachsen sei; ja Herr, so stark mache mich – oder erspare es mir, aber lass nicht zu, dass ich in Versuchung geführt werde.

Der Vater, der uns Menschenkinder in all unserer Gebrechlichkeit kennt, hat uns beten gelehrt: „Verhindere, dass ich in Versuchung geführt werde." Weise Selbsterkenntnis und bescheidenen Demut sollten uns immer wieder diese Bitte auf die Lippen legen. Hat doch selbst der Herr Jesus Christus gebetet: „Vater, wenn es möglich ist, so gehe dieser Kelch an mir vorüber. Aber nicht mein, sondern dein Wille geschehe." Aber Jesus sollte (und wollte) seine schwere Aufgabe erfüllen und es kann in den unerforschlichen, liebevollen Absichten des Vaters liegen, dass er uns, trotz unserer Bitte, die Versuchung nicht erspart, dass wir durch die Nacht der Verzweiflung, der Versuchung und Angst gehen müssen. Wenn der Vater dies von uns möchte, dann bitten wir ihn, dass das Äußerste nicht geschehe – dass wir nicht der Versuchung unterliegen und sie uns zum Fall, zur schweren Sünde, zur vielleicht unwiderruflich letzten Stunde werde. Dann beten wir: „Erlöse uns von dem Übel."

Wenn dich noch nie die Sehnsucht gepackt hat, von der Sünde loszukommen, um vor weiterem Fall bewahrt zu sein, dann muss sie dich jetzt packen im Angesicht des Kreuzes. Wenn du noch nie ganz andächtig im Gedanken an das wirkliche Übel, an die schwere Schuld gebetet hast: „Erlöse uns von dem Übel, mich und alle sündigen Menschen, den gefallenen Bruder, die versuchte Schwester, dann musst du es heute tun, im Andenken an das Kreuz und Leid Jesu. Dazu hat der Vater seinen Sohn in den Tod gehen lassen, dass er die Sünden von uns nehme und uns vor weiterem Fall bewahre. Dafür hat dein Heiland jene bittere Stunden durchgemacht – dass er dich von der Sünde erlöse. Wenn wir den unerbittlichen Willen des Vaters nicht verstehen können, wenn uns die Erlöserliebe Christi ein Rätsel bleibt, dann doch nur deshalb, weil wir das schauerliche Geheimnis der Sünde nicht ganz verstehen – nicht verstehen, wie teuer die Erlösung ist, um die wir Menschen im Vater Unser bitten sollen.

Gehe in die Schule des Kreuzes und lerne Beten: „Erlöse uns von dem Übel." Das Leid will den Menschen oft so drücken, dass er meint, etwas Schlimmeres könnte ihm nicht begegnen. Nimm ein Kreuz zur Hand und überlege: Schlimmer ist die Sünde. Und dann bete wieder: „Erlöse uns von dem Übel." Und du wirst sehen, wie die anderen Nöte, vor diesem großen Anliegen für das dein Heiland in den Tod ging, leichter werden.

Gehe in die Schule des Kreuzes und lerne aufrichtig zu beten. „Erlöse uns von dem Übel der Sünde." Die Versuchung spiegelt dir vor, dass die Sünde eine Kleinigkeit wäre, das Leben stumpft dich ab. Man muss an so vieles denken, sich um so vieles kümmern – wer kann sich da noch gewissenhaft vor der Sünde bewahren? Und doch hat sich der liebende Christus am Kreuz gewünscht, dich vor der Sünde zu bewahren.

Bete aufrichtig: „Erlöse uns von dem Übel". Dann wirst du vorsichtiger wandeln, dann wirst du schon keine leichtsinnigen Liebschaften beginnen, dann wirst du dich nicht arglos an gefährlichen Reden beteiligen. Dich hat die letzte Bitte des Vater Unsers aufgeschreckt. Selbst in der anderen Welt (auch das sei hier gesagt), gibt es deshalb nur eine Verdammnis, weil der unbußfertige Sterbende sofort verhärtet und Gottes Liebe nicht will – Gottes Liebe drüben nicht mehr haben will, aber nicht, weil Gottes Liebe nicht ausreicht.

Wer die Vaterunser-Bitte von der Schuld lästert, leistet keinen guten Dienst, selbst wenn er uns über die Schuld hinwegtäuscht. Er nimmt uns zugleich die tröstliche aller Gewissheiten, dass Gottes verzeihende Vaterliebe ohne Grenzen ist. Viele Nervenzusammenbrüche bräuchten nicht mehr zu sein, viele unbeherrschte Wutausbrüche in der Familie, in Freundeskreisen, Supermärkten oder sonstwo wären gegenstandslos, wenn anständiger gebetet würde: „Vergib uns unsere Schuld". Viel Verzweiflung in schwerer Versuchung, viele Gewohnheitssünden würden geheilt, wenn vertrauensvoller gebetet würde: „Vergib uns unsere Schuld".

Wir könnten jeden Tag so viel froher abschließen, auch die bewegten Tage, an denen wirklich nichts gelungen ist und wir oft aus den Fugen geraten sind wenn wir von der Erlaubnis Gebrauch machen wollten und Abend für Abend auch die Versager und die Schuld des Tages in Gottes barmherzige Hände legten mit dem kleinen Wörtchen: „Vergib uns unsere Schuld".

Es wär eine kleine Besinnung, die uns bescheiden hielte und aufmerksam, dass auch das beste Tageswerk nicht vollkommen ist, dass wir nicht alles geleistet haben, was wir konnten, es wäre vor allem eine große Beruhigung: Wir haben auch die Schuld des Tages in die Hände des Vaters gelegt und damit ist es gut. Es könnte unser Christenleben so viel froher und erfolgreicher machen und so viel zuversichtlicher und so viel heiliger werden, wenn wir die Schuld eines Tages nie mitnehmen wollten in den anderen Tag, wenn wir Abend für

Abend in liebevollem Vertrauen zum Vater sagten: „Vergib uns unsere Schuld".

Geh in die Schule des Kreuzes und lerne vertrauensvoll beten: „Erlöse uns von dem Übel". Vielleicht hast du oft versucht, die Ketten sündiger Gewohnheiten zu sprengen; es will nicht gelingen. Der ewige Vater, der uns zu beten auftrug: „Erlöse uns", der wusste, dass solche Fesseln seine Kinder drücken können. Auch wenn du dich lange nicht mehr gewehrt hast, selbst wenn du oft rückfällig geworden bist und wenig Mut mehr verspürst, du darfst immer noch vertrauensvoll beten: „Erlöse uns, Vater, erlöse uns um des Gekreuzigten willens".